「教師の関
基礎から

算数授業
スキル
Q&A

ベーシック

瀧ヶ平悠史
【著】

明治図書

はじめに

　Society5.0という新しい時代の幕開け，新型コロナウイルスの感染拡大。GIGAスクール構想による1人1台のPCやインターネット環境の拡充が後押しとなり，学校教育の姿は今後，大きく変わっていくでしょう。こうした中，世の中の教育に対する捉え方は，学校という場所に縛られることなく，ますます広がっていくことが予想されます。

　では今後，学校教育の内容がすべてオンラインコンテンツなど学校外のものに代替され，「学び舎」そのものの存在が必要なくなるのかと言えば，私はそうは思いません。

　むしろ，「学び舎」に人が集い，学びを深めていくことの価値は，より強調される時代になると考えるのです。

　未来では，AI技術の発達により様々なものがロボット化され，人と人との直接的なコミュニケーションが今ほどは必要なくなるのかもしれません。しかし，そんな時代だからこそ，「人と人が直接会うことの価値」は，より高まっていくと考えるのです。

　もちろん，これからの学校教育では，オンライン授業や外部コンテンツによる学習などに代替可能な内容は，次々と「学び舎」の外に位置づくことになっていくでしょう。結果的に，「人と人が顔を突き合わせながら，リアルタイムに思いや考えを共感，共有し合うことでしか深められない学び」はより洗練され，高い価値を担保し，未来へと引

き継がれていくのです。

このように考えたとき，私たち教師は，「自身の授業は，果たして学び舎でしか実現できない価値ある学びとなっているのか」という大きな「問い」に，真に向き合うべきときが来たと言えるのではないでしょうか。

もし，「学び舎」における学びが，AI技術や様々なオンラインコンテンツによって代替可能なものしか提供することができないならば，「学び舎」という場所は，そして私たち教師は，その存在価値を失うからです。

「学び舎」にしかできない価値ある授業。それは何よりも，良質な教材と教師の優れた指導技術でしか創り上げることはできません。それ自体は，今も昔も，そしてこれからも変わらない学校教育の不易なのです。

本書は，今だからこそ未来に残していきたい，「『学び舎』にしかできない価値ある授業」を創るために欠かせない授業スキル（教師の関わり方）を，ベーシック，アドバンスの2冊で構成しています。

この本を手に取った読者の皆様が，これをきっかけに，これからの時代の価値ある学びを共に創る担い手となっていただけたなら，これほどうれしいことはありません。

そんな切なる思いを込め，本書を未来に残したいと思います。

2021年1月

瀧ヶ平悠史

もくじ

Contents

Contents

板書

第 1 章
「教師の関わり」次第で 授業は大きく変わる

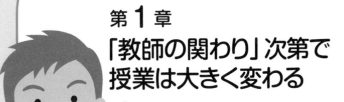

1 「教材」と「教師の関わり」は両輪

　この本の中では，授業中の即時的な教師の発問や子どもの考えの取り上げ方，提示物の見せ方，子どもへの声かけなどに関わる授業スキルを「教師の関わり（方）」という言葉で表現しています。

　授業とは，「教材」と「教師の関わり」が両輪となって展開されていくものです。つまり，どちらか一方だけでは授業は成り立たないのです。

　算数の内容とは直接関係のない「教師の関わり」は，しばしば小手先の技術として軽視されます。

　確かに，算数の学びの本質は，その教材の中にあります。とはいえ，「著名な先生の教材が記載された書籍などを基に自身の学級でもその授業に取り組んでみたところ，大失敗をした…」といったことは，多くの先生方もこれまでに経験されたことがあるのではないでしょうか。

　これは，どんなに教材自体がすばらしいものであったとしても，それだけで授業を再現することは難しいということを意味します。

　つまり，**目の前の子どもの姿に合わせて即時的に展開していく「教師の関わり」がなければ，授業は成立しないということ**なのです。

2 「教師の関わり」は料理人の腕

　例えば，みなさんの目の前に，世界で一番おいしいイン
ドカレーのレシピがあると想像してください。これを，我
が家の子どもたちにつくってあげようというとき，果たし
てそのレシピ通りにつくることが，必ずよい結果をもたら
すでしょうか。

　恐らく，そんなことはないはずです。

　日本人好みに，しかも，子どもでも食べられるように調
味料の量や種類を変えて味つけをアレンジしたり，食材の
切り方や種類，加熱時間を変更したりするかもしれません。
一流の料理人なら，そのときに手に入った食材の状態に合
わせて，調理方法を微調整することもあるでしょう。

　つまり，どんなにすばらしいと言われる世界一の料理
（授業）のレシピ（教材）があったとしても，その調理の
仕方（教師の関わり）次第で，料理はおいしくもまずくも
なるということです。

　本書では，多くの「教師の関わり」の具体的な「方法」
を，「目的（何のために）」とともに紹介しています。

　気をつけていただきたいのは，この「目的」が欠け落ち
ると，「方法」は単なる小手先の技として独り歩きを始め
るということです。そうなれば，本質的な算数の学びには
到底たどり着くことができません。

教師としての授業スキルをたくさん身につけ，それを連発することで授業の"見栄え"はよくなったとしても，それだけで子どもたちの学びが深まることはないのです。

　大切なのは，**今，何のためにどのような方法を使う必要があるのかという目的を明らかにすることです。そして，目の前の子どもたちの姿をよく捉えたうえで関わっていくこと**なのです。

3　万能な唯一の方法は存在しない

　「教師の関わり」の中に，「この方法を使えば100点の授業ができる」といったような万能なものは１つもありません。

　授業の導入，子どもが個別に解決している時間，全体での交流，まとめの時間など，**そのときそのときの授業の様相に合わせ，いくつもの方法を目的に照らして組み合わせて，はじめて有効なものになっていきます。**

　本書では，読者の皆様が理解しやすいように，このような授業の様相（これは授業の展開順序を意味するものではありません）ごとに分けて，「教師の関わり」を示しています。

　これらを実際に授業の中に取り入れていく際は，前述のように，目的と子どもたちの実態に照らしながら組み合わ

せ，授業を展開していっていただければと思います。

　また，「教師の関わり」には，当然ながら，すぐにでも取り入れることができるものと，使いこなすためには少し慣れが必要なものがあります。

　そこで，本シリーズでは「ベーシック」編と「アドバンス」編という2冊で，大きく2つの難易度に分けてその内容を示していくこととしました。

　ご自身の教師としての経験や現在の指導技術，そして，授業をするうえでの悩みに合わせて参考にしていただければと思います。

4　「教師の関わり」で教材と子どもを近づける

　本書「ベーシック」編では，より基礎的で，子どもが主体的に学び合う授業をつくるうえで欠かせない「教師の関わり」について整理しました。

　本書の構成としては，これらを授業の様相（「問題提示」「自力解決」「全体交流」「まとめ」）に分けて示しています。その他，即時的なものではないものの，授業展開に大きく影響を与える「ノート」「板書」についても扱っています。

　また，授業の様相に関わらず，授業を展開していくうえで土台となる基礎的な技術やマインドセットを，「集団の学びをつくるための基本」として冒頭に示しました。

授業とは奥深いものですから，もちろん，ここに載せたものが「教師の関わり」のすべてではありません。

　しかし，本書にあげる方法と目的（なぜ，こうした関わりが重要なのか，何のために必要なのか）をしっかりと理解することで，基本的な算数の授業力は格段に上がると考えています。表面的に方法だけをさらうのではなく，ぜひ，その**「教師の関わり」の奥にある授業観**を受け取っていただければ幸いです。

　また，ご自身の授業への取り入れ方として，細かな発問の仕方まで一字一句真似るようなアプローチはおすすめしません。ご自身の学級の文化に合わせて，少しずつマイナーチェンジして実践していただければと思います。

　みなさんが受け持っている学級の子ども一人ひとりを一番理解しているのは，担任である先生ご自身です。

　本書で紹介する「教師の関わり」を，目の前の子どもたちに対してどのように使っていくべきか，必ず一度考え，判断する「間」を取っていただきたいのです。

　ちなみに，私自身も本書で紹介する方法のすべてを，いつでも，受け持った学級で行っているわけではありません。

　子どもたちの実態に合わせ，適宜取り入れていっているのです。

「教師の関わり」とは，教材と子どもの距離を近づける

<u>営み</u>です。

　だからこそ，どんなときも子どもたちの姿から目を離してはいけないのです。

第2章
「教師の関わり方」が基礎からわかる
算数授業スキル **Q&A**

学級の子どもの学力差がとても大きく，理解するスピードにも大きな差があります。

先行知識をもっている子どもたちは，計算の処理がとても速く，解決方法をすでに知っていることが多いため，授業を早く先に進めようとします。結果的に，そうした子どもたちが答えや方法を先に言ってしまい，理解に時間がかかる子どもたちが疑問や考えを出しづらい雰囲気に…。これでは，十分に話し合いをすることができず，学びを深める授業をつくることができません。

子どもたちに学力差があったとしても，学級みんなで一緒に学びを進めていくには，どのようにすればいいのでしょうか。

教師が「一番理解が遅い」スタンスを貫き通そう！

A

1 学力差に対する教師の構え

❶学力差のない学級は存在するか

「うちのクラスは，学力差が大きくて…」

教師であれば，こんな言葉をよく耳にしたことがあると思います。ついつい私たちが口に出してしまいがちな，代表的な愚痴，言い訳の1つです。

こうした場合に使われている「学力」という言葉は，一般的にペーパーテストなどで測ることができる，領域固有の個別の知識・技能の獲得量や，学習内容に対する理解の速さを指していることが多いと思います。

ここで，みなさんに考えていただきたいことがあります。果たして，この世の中に上記のような学力の差がない学級というのは存在するでしょうか。

恐らく，存在しないのではないかと私は考えています。

集団があれば，前述のような学力の差があるのは当たり前のことです。たとえ，一定の学力層の子どもを集めたとしても，時間とともに必ず差が生まれてくることは，統計的にもすでに明らかになっていることです。

❷学力差を言い訳にしない

　つまり，何をお伝えしたいのかと言うと，私たち教師は，**「学力差のない集団は存在しない」ということを前提に授業をつくるべき**だということです。

　集団があれば，その中で知識の量やそれを獲得するスピードに個人差があるのは当然なのです。

　ですから，授業がうまくいかないことの理由を学力差に求めても，何も解決はしません。

　もし，学力差によって授業が成立しないのなら，世界中のどこに行っても，授業は成立しないはずなのです。

　自分の指導力不足の言い訳を，子どもたちの学力差にするのは，今すぐに止めるべきなのです。

とはいえ，知識量の差や理解の速さの違いに振り回され
ず，学級みんなで学びを深めていく授業をどのように展開
していくのかは，教師にとって大きな悩みの１つであるこ
とは事実です。

　こうした状況を打開するためには，まずは**「教師が『一
番理解が遅い』スタンスを貫き通す」**ことが，とても大切
になってきます。

2　「一番理解が遅い」スタンスを貫き通す

❶「わからない」立場に寄り添うスタンス

　例えば，Ａ君という子が発表し，その説明を聞いていた
Ｂ君が「何でそれでいいんだろう」と，つぶやいたとしま
す。

　このときに，次のような関わり方を意識していくのです。

**「Ｂ君が悩んでいるけど，確かに先生もよくわからない
なぁ。Ａ君の言っていることって，どういうことなのか
な？」**

　この関わり方では，教師はＢ君と同じ「わからない」と
いう立場を取っています。教師が「一番理解が遅い」スタ
ンスを取ることで，Ｂ君に寄り添った学びを展開していこ
うとしているのです。

　このような関わり方をすると，「僕もよくわからない！」
「確かに…」などといったように，同じところで悩んでい

た子どもたちも次々と反応し始めます。

　こうして，Ｂ君は「わからないのは僕だけじゃないんだ」「僕の悩みが，学級全体の話題になっている」と感じていくのです。

❷学力差関係なく，だれもが学びを深められる場

　こうした教師のスタンスの取り方は，次第に学級の子どもたち全体の学ぶ姿勢に影響していきます。

　子ども自らが「えっ，どういうこと？」「なんで？」などと，自分の中にある「わからない」という気持ちを，積極的に表現するようになっていくのです。

　これは，**今までは思っていても声に出せなかった子どもたちが，「教師の関わり方」に影響を受け，自分の素直な思いを表現できるようになってきたから**です。

　また，こうした教師のスタンスの取り方は，同時に先行知識をもっている子どもたちにもよい影響を与えます。

　たとえ，先行学習で「解法」を知っていたとしても，「なぜ？」にわかりやすく答えるということは，容易なことではありません。

　教師が「一番理解が遅い」スタンスを取り，そこで取り上げた「わからない」についてじっくり考える場というのは，**先行知識をもつ子どもたちにとって，「わかったつもりになっていたことをもう一度深く考える」場にもなる**というわけです。

3 授業を変えるには，まずは教師が変わる

❶教師が「全知全能の神」にならない

教師は，全知全能の神のような存在になりやすいものです。

「先生は何でもわかっている」

「最後は先生に聞けばいい」

「先生が一番正しい」

こうした教師のもとでは，子どもは本気で考えようとはしません。**「最後は先生が教えてくれる」と，心のどこかで頼っているから**です。

一方で，教師が「一番理解が遅い」スタンスを貫いていると，子どもは自ら動き出す必要が出てきます。

教師が「わからない」という立場なわけですから，**子どもたちにとっては，自分たちで考え，解決していかなけれ**

ばならない状況が生まれるのです。

　私はよく，授業の中で出てきた誤答に乗っかり「これが正しい考え方でよさそうですね」などと言って，強引に授業を進めようとします。

　ですから，子どもたちはいつも油断できないわけです。

　「この先生に任せておいたら，大変なことになる」と言わんばかりに，「ちょっと待って！」「それだと，おかしい!!」「だってね…」と，すぐに黒板の前に詰め寄ってくるのです。

❷教師の立ち位置を変える難しさ

　ここまで述べてきたようなスタンスを教師が取り，それをどんなときも貫き通すというのは，意外に難しいものです。

　恐らく，これまでの授業の中で先にあげたようなスタンスを取ってこられなかったベテランの先生方ほど，難しさを強く感じるはずです。

それは，これまで自分が築き上げてきた教師としての立ち位置というものが，習慣として体に染みついているからです。

　そもそも，それぞれの先生方の授業のスタンスというのは，自分自身の授業観が反映されたものです。

　ですから，それを変えるということは，自身の価値観そのものを変えることになるわけです。

　それは，決して簡単なことではありません。

　しかし，小手先の指導テクニックよりも何よりも，**教師が「どのような立場で授業に臨むか」といったスタンスが及ぼす影響力は絶大**です。

　今，自身の授業に疑問を感じているならば，覚悟をもって自分を一度リセットする勇気をもつべきでしょう。

　教師が変わらなければ，授業は変わりません。

　思い切って真っ白な状態から，教師としてのスタンスを一からつくっていくことにチャレンジしてみる必要があるのです。

> どうすれば，主体的に学ぶ態度をはぐくむことができるのでしょうか？

　休み時間はとても元気に遊んでいるのですが，いざ授業が始まると教室の中は静まり返り，意欲的に学ぼうという雰囲気を感じられない子が多くいます。

　いつも，何となく授業に参加してぼんやりと話を聞いている様子で，話し合いにも受け身な姿勢が目立ちます。

　また，問題を解く際も，答えや解法がわかれば満足なのか，それ以上に関心をもって自ら追究しようとしません。

　楽しい教材で何とか子どもたちの関心を引きつけようと日々努力はしているのですが，それだけではあまりうまくいかずに困っています。

　主体的に考え，学びを深めていこうとする態度を，どのようにはぐくんでいけばよいのでしょうか。

「よく間違う教師」
になり，その間違い
に働きかけさせてみ
よう！

1 「わかる」「できる」を一番に求める学び

❶子どもの主体性を奪っているのは何か

　子どもたちが主体的に学び，深く考え，他者と協働的に学んでいく授業。それはきっと，どんな教師でも思い描く，理想の授業像ではないでしょうか。

　ところが，現実はそう甘くありません。

　やる気なく遠くを見つめる子。あくびをして今にも眠ってしまいそうな子。ひたすら静かに板書をノートに書き写す子。だれかが説明していても無関心な子。

　こういった，「主体的」とは言い難い子どもの姿を前に，どうすればよいのかと悩んでいる先生も多いことと思います。

　しかし，子どもははじめから意欲がないわけではありません。入学したばかりの1年生を想像してみてください。

きっと，どの子も学ぶ意欲にあふれているはずです。

　そう考えたなら，**学びに対する主体性を奪ってきたのは**
これまでの日々の授業であり，その責任は，私たち教師側
にもあると言えるでしょう。

❷教師側にある要因

　私が考える，子どもの主体性を奪う教師側の要因を２つ
あげてみます。

　　①授業の中心が，「正しい」ことの証明ばかりになって
　　　いる。
　　②「わかる」「できる」ことが一番の価値になっている。

　ぜひ，ご自身の授業を今一度振り返ってみてください。
　算数の授業中，子どもの説明している内容が「正しい」
ことの証明ばかりになってはいないでしょうか。
　学習内容がわからなくて悩んでいる子どもがいたら，す
ぐにやり方を教えたり，ヒントカードを渡したりしてはい
ないでしょうか。
　先にあげた子どもの主体性を奪う２つの要因は，実は，
どちらも「子どもの力をはぐくみたい」と願う教師の善意
から生まれてきたものです。
　ところが，こうした考えのもとで指導を繰り返すことは，
逆に，子どもの中にある「主体性」を奪うことにつながっ
ているのです。

❸陥る，「正解」至上主義

　「正しさ」が中心にある授業の多くでは，話し合いの場面において「なぜこの考え方が正しいか」という説明が繰り返されます。

　試しに，算数の授業が行われている教室をそっとのぞいてみてください。恐らく，授業中に子どもが話すことのほとんどは，「なぜこの考え方が正しいか」についての説明で占められているはずです。

集団の学びをつくるための基本

　こうなると，授業というものは次第に「正解」至上主義に陥っていきます。「正しさ」が一番で，それを「わかる」「できる」ことに価値が置かれるようになっていくのです。

　すると教師は，学習内容がわからない子どもにそれをわからせようとヒントカードを出し，できていない子がいれば，できるようにと方法を手取り足取り教えるのです。

　結果，「正解」を見つけられない子どもや，すぐに理解

できない子どもはやる気をなくし，自信をなくし，声を出さなくなっていく…。こうした悪循環が起こるわけです。

「教室は間違えるところだよ」「間違えたっていいんだよ」などと子どもに熱く語りながら，実際の授業では正しいことの説明ばかりを取り上げ，「わかる」「できる」ことを押しつけているということは，よくある話なのです。

2 「間違い」を授業の柱にする

❶子どもが主体的になる「間違い」の証明

子どもの主体的な姿を引き出し，「教室は間違いを大切にするところだ」ということを本気で子どもの心に響かせたいのならば，まずは**教師自らが，それを体現していかなければならない**と私は考えています。

つまり，子どもより先に「教師がよく間違える姿」を見せていくのです。

私はいつも，**授業の導入からいきなり「間違い」を連発していきます**。

4個のおまんじゅうがあります。そのうち5個食べました。残りはいくつでしょう。

この問題，どこが間違えているかがおわかりになるでしょうか。

１年生の子どもに提示してみると，すぐに次のような反応が返ってくるでしょう。

４個のおまんじゅうがあります。そのうち５個食べました。残りはいくつでしょう。

先生，問題のお話がおかしいです！

４個しかないのに，５個も食べられないよ！

えっ，そんなわけないよ…

　ここで，教師が子どもから出てきた声にすぐに納得してはいけません。

　「えっ，そんなわけないよ。先生が問題を間違えるなんてこと，あるわけがないじゃない！」

　このように伝えるのです。すると，たくさんの子どもが目をギラギラさせながら勢いよく話し始めます。

　中には，自らブロックなどを持ち出してきて，それを操作しながら４個から５個食べるという問題がなぜおかしいのかについて，必死に訴えてくる子もいるでしょう。

　このとき，子どもたちが一生懸命になっているのは，

「この問題文のどこが間違っているか」についての証明です。

　つまり，**「間違い」を証明する場面というのは，子ども
が最も主体的に動き出す状況の１つである**ということです。

❷主体的に働きかけるエネルギー

　例えが悪いのですが，夫婦や友だち間に揉め事（けん
か）が起こった場合に置き換えて考えてみましょう。

　けんかにおけるお互いの主張の多くは，「相手の考えの
どこがいかに間違っているか」です。こうしたけんかが起
きたとき，人は間違いなく主体的になっているはずです
（それがよいか悪いかは別として…）。

　相手の行動や考え方のどこが間違っているかということ
を，必死になって伝えたくなっているはずなのです。

　これは，授業でも同じことが言えます。教師がとにかく

「たくさん間違える」場面をつくることは，子どもから学びの対象に働きかける主体的なエネルギーを強く引き出すことにつながるのです。

　また，こうした説明の中で「間違い」を「間違いである」と言い切るには，それなりの根拠を示していく必要があります。

　「だって，４個しかないのに５個も食べるということは…」といったように，**どこがどうして矛盾しているのか，何が問題なのかについて，論理的に証明することを求められる**からです。

　そして，こうした説明は，**結局「何が正しいか」「どうなれば，正しいと言えるのか」の説明にもつながっていきます**。

　しかも，はじめから「正しい」ことの説明をさせる場合よりも，子どもたちから引き出される「主体的に働きかけるエネルギー」は，はるかに大きいのです。

どうすれば，子どもが学習内容を深く理解し，力を伸ばすことができますか？

　「できた！」「わかった！」と思える機会を多くすることができれば，算数が苦手な子どもたちが少しでもやる気になってくれるのではと考え，日々の授業づくりに取り組んでいます。

　そこで，できるだけ丁寧に，そして，わかりやすく学習内容を教えられるようにと，指導の仕方を工夫していますが，子どもたちの理解は思うように深まっていないようです。

　もともと算数が得意な子はよいのですが，苦手意識をもっている子は，ますます算数嫌いになっていくばかり…。

　どうすれば，子どもが学習内容を深く理解し，もっと力を伸ばしていくことができるのでしょうか？

わかりやすく丁寧に教える関わりを止め，子どもの中の「困り」を顕在化させてみよう！

1　丁寧な指導がいつでもよいとは限らない

集団の学びをつくるための基本

❶丁寧でわかりやすい指導は，深い理解につながるか

　算数に苦手意識をもっている子どもがいると，「できるだけ丁寧にわかりやすく教えなければ」と思うのが教師の性というものです。

　「どの子も大切にしたい」

　「算数が苦手な子にもわかる喜びを感じさせたい」

　教師であればそう願うのは当然です。

　ただ，ここで考えたいのは，「丁寧でわかりやすい指導は，本当に子どもが深く理解することにつながるのか」ということです。

　もし，この前提自体が間違っていたとしたら…。

　根本的に，子どもへのアプローチの仕方を変えていかなければならないのです。

❷自分の力で「わかった」「できた」のか

　私は，「丁寧でわかりやすい指導＝子どもの深い理解に
つながる」という関係は成立しないと考えています。

　むしろ，丁寧にわかりやすく教えれば教えるほど，子ど
もの深い理解を阻むことになり，結果として子どもの力は
伸びにくいと考えているのです。

　「丁寧でわかりやすい指導」をすることで，一見，多く
の子が「わかる」「できる」ことが増えるかもしれません。

　しかし，これは子どもが自分の力で「わかった」「でき
た」わけではないはずです。私たちは，このことに注目し，
指導のあり方をもう一度見直す必要があるのです。

❸子どもの成長の場を奪う教師の関わり

　例えば，学芸会の劇を成功させるために，教師が子ども
に動き方やタイミングまで細かく演技指導をすることがあ
ります。もちろん，経験値が少ない低学年などではある程
度の指導が必要でしょうが，すべてを教師が細かく教えて
しまうとどうなるでしょうか。

　劇自体はとてもすばらしく，見栄えのするものになるか
もしれません。でも，「子どもにどんな力がついたのか」
と問われると，それに答えるのはなかなか難しいはずです。

　子どもは，教師に言われるがままにこなしてきただけで
すから，表現力がついたかどうかは微妙です。

　それよりも何よりも，「自分の役をどう演じるべきか」
を考えたり，「仲間と共にその場面をどのようにつくり上

げていけばよいか」を考えたりする力については，ほぼ身につける機会がなかったと言えるでしょう。

これは，授業についても同じことが言えます。丁寧にわかりやすく教師が指導するほど，子どもが考える場はどんどん少なくなっていくのです。つまり，**教師の丁寧な指導が，子どもの大切な成長の場を奪ってしまうことにもなりかねない**ということです。

2 子どもの「困り」を大切にした授業

❶一人ひとりの「困り」を全体の場で顕在化させる

そこで，ぜひ意識していただきたいのは，**あえて「丁寧に教えない場面」をつくっていくこと**です。

つまり，どう考えてよいかわからないでいる子どもに「丁寧に関わって個別に解決してあげよう」という，従来行われてきた関わり方の真逆を行うということです。

誤解のないように言っておきますが，意図的に丁寧な関わりを抑えることと，何も考えずに子どもを放っておくこととは大きく違います。あくまで，**意図的であることが大切なポイント**です。

このように，丁寧でわかりやすい指導を控えると，**子どもがどこでどのような「困り」をもっているのかが，全体の場で顕在化してきます**。この「困り」を表に引っ張り出すことこそが，この手立ての一番のねらいなのです。

❷自分の「困り（つまずき）」を意識できるようにする

例えば，5年生に次のような問題を提示したとします。

> バスに25人乗っています。そのうち，子どもは15人
> です。全体の人数に対する子どもの人数の割合を求め
> ましょう。

このとき，算数が苦手な子どものために「基準量」や
「比較量」がどれなのかについて，問題文に線を引きなが
ら確認することがあります。

しかし，こうした「わかりやすさ」を目的とした丁寧な
関わりを控え，まずは，一人で考えさせてみるのです。

「そんなことをしたら，何も手をつけられない子どもが
出てしまう」と思うかもしれません。

でも，ここで教師が丁寧に説明したり，ヒントカードを
渡したりしても，割合がわからない子どもたちは，やっぱ
りわからないままなのです。むしろ，自分が割合の何がわ
からなかったのかがわからないまま，「わかったつもり」
になってしまいます。

ですから，ここでは**自分が「わからない」ということを
しっかりと意識させてあげることが大切**なのです。

❸話し合いの軸を，「困り」にする

「どっちの数をどっちの数でわったらいいかわからない
な…」

「基準量ってなんだっけ？　どれのことなの？」

こうした子どもたちの「困り」をしっかりと見取り，それを全体の場で取り上げていきます。

すると，「15を25でわるよ」「だってね」といったように，15を25でわる理由や，基準量とは何を意味するのかといった説明が引き出されてくるのです。

このように，子ども一人ひとりの「困り」を，全体の場で取り上げることで，話し合いの対象がその「困り」に焦点化されることになるわけです。

私たちが大切にすべきことは表面的に「困り」を取り除くことではなく，**子どもの中に生まれた「困り」を軸に授業を展開していくこと**なのです。

その「困り」こそが子どもから生まれた大切な「問い」であり，学びを深めるためのカギになるからです。

どうすれば，授業の導入で子どもを引きつけられますか？

休み時間が終わり，始業のチャイムが鳴っても，いつまでもザワザワと落ち着かない子どもたちがいます。

かと言って，「静かにしなさい！」と力で抑えつけるような指導をしても効果はそのときだけ。

結局は，毎日，同じことの繰り返しになってしまいます。

そんな子どもたちに対して，ただ叱るだけの指導に頼るのではなく，学習の導入で何とか引きつけることができればと考えています。

どのようにすれば，授業のスタートから子どもの関心を引きつけ，学習に集中させていくことができるのでしょうか？

チラっとだけ見せて
みよう！

1 高圧的な指導は逆効果

　授業開始直後の子どもの姿には，学びに対する姿勢が顕著に現れるものです。

　ザワザワといつまでも落ち着かない子や，静かに受け身な姿勢で待ち構えている子。一方，すでに学習モードに切り替えて，やる気に満ちた目をキラキラと輝かせている子どももいます。

　もちろん，最終的には授業開始から学びに対して能動的に動き出す子どもたちに育てていきたいものです。

　しかし，はじめから「静かにしなさい‼」を連発したり，高圧的な指導を繰り返したりすることは逆効果です。子どもたちの反発を招き，教師の前だけ表面的に「いい子ちゃん」の態度を取るようになっていくからです。

　プロの教師であれば，その指導技術や教材で，学びに意

欲的に向かう子どもを育てていきたいものです。

　本書では，特に指導技術によって子どもの学びに向かう態度を育てる手立てをご紹介したいと思います。

　それが「チラッとだけ見せる」という方法です。これは，**問題場面に関わる情報を一瞬だけ見せる**というものです。

2　子どもを引きつける「チラッとだけ見せる」

❶人は，少しだけ見えるものに引きつけられる

　第2学年の「はこの形」の学習，直方体を提示する場面を例に具体的にその方法を見ていきましょう。

　まず，直方体を提示するとき，全体をじっくり見せるのではなく「一瞬だけ」見せていきます。

　人間というのは，**ずっと見えているものには集中しないものですが，一瞬しか見えないものに対しては，非常に強く関心を寄せます。**

　雪男やネッシー，UFO の映像も，じっくりはっきり見

えてしまっては台無しです。チラッと少しだけ見えるから，世界中の人の関心を集めるわけです。

　これは，直方体を提示する場合も同じです。あえてじっくり見せず，一瞬だけ見せることで，子どもたちの心を強く引きつけることができるのです。

❷ 「どのように見たか」を価値づける

　このように，一瞬だけ直方体を見せると，子どもたちはすぐに反応し始めます。

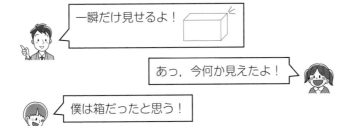

一瞬だけ見せるよ！

あっ，今何か見えたよ！

僕は箱だったと思う！

　こうした子どもの反応を受け，今度は次のように伝えます。

　「箱だった？　本当に!?　よく見ているね。箱ということまで見抜くなんて，さすがです。細かいところまで詳しく観察する力が身についているんだね」

　そして，再び直方体の箱を一瞬だけ見せるのです。

　すると，「やっぱり箱だ!!」「ちょっと，細長い箱だった気がするよ」などと，今度はたくさんの子どもが，新たに

わかったことをどんどん話し始めます。

　このように，**１度目と２度目の間に，「詳しく観察する****ことのよさ」を価値づけておくことで，子どもたちが集中****して見ようとする姿を引き出すことができる**というわけです。

3　文章問題でも「チラッとだけ見せる」

❶文章問題でも「チラッとだけ見せる」

　「チラッとだけ見せる」という方法は，文章問題を提示する際にも活用できる場合があります。特に，問題文に関わる数値や絵，図などを示すときには，とても有効です。

　その具体的な方法を，第５学年の「単位量あたりの大きさ」の学習を例に見ていきましょう。まず次の問題をご覧ください。単元導入の，部屋の混み具合を比べる場面です。

> 　修学旅行のホテルの部屋の様子です。205号室は $10 \mathrm{m}^2$ に６人，206号室は $8 \mathrm{m}^2$ に５人で泊まることになりました。どちらの部屋の方が混んでいると言えるでしょうか。

❷問題文の一部を隠す

　上の問題文の　　　で囲んである部分を予め隠して提示し

ます。すると，子どもたちからは，「えっ，これじゃあわからないよ！」といった声が上がります。

　修学旅行のホテルの部屋の様子です。 _____

_____

_____ どちらの部屋の方が混んでいると言える

でしょうか。

えっ，これじゃあわからないよ！

 部屋に何人いるの…？

　ここで，２つの部屋の絵をチラッとだけ見せるのです。

205号室

206号室

　「206号室の方が混んでる！」「いや，205号室の方じゃない？」「もう１回見せて!!」

　こうして子どもたちの集中力は一気に高まっていきます。

　このように，文章問題の場合も，**文の一部をマスキングし，その情報を「チラッとだけ見せる」ことで，子どもたちの関心を一気に引きつけていくことができる**のです。

問題文をよく読み，場面をイメージできるようにするには，どうすればよいですか？

テストをすると，問題文を最後まで読まずに解答し，間違えてしまう子どもが多くいます。

また，問題場面をあまりイメージできていないのか，数値の大きさだけを見て立式してしまう子どもや，キーワードだけに注目して，先行学習で身につけた解法に当てはめて形式的に解答する子どももいます。

結果的に，問題文の言い回しが少し変わるだけで間違えたり，わからなくなったりするなど，本当の意味で場面を捉える力がついていないようです。

どのような指導をすれば，問題文をじっくりと読み，具体的に場面をイメージして考える力を伸ばすことができるのでしょうか？

問題の一部分を隠して提示してみよう！

A

1 形式的に解くのは悪いこと？

❶形式的な方法に頼ることの問題点

　テストで問題文を最後まで読まずに形式的な解法に当てはめて解答してしまう子ども。こうした子どもは，恐らく，どの学級にも必ず一人はいるのではないでしょうか。

　ただ，ここで確認しておきたいことは，形式的に答えを導ける方法を身につけたのなら，その形式に当てはめて解くということ自体は，必ずしも悪いことではないということです。

　数学というものは，そうして形式化することで思考労力を減らし，効率よくだれでも正確に解決できるようにと工夫されて発展してきたものだからです。それこそが，数学のよさの１つとも言えます。

　とはいえ，特に小学校では，**早い段階で形式的な方法に**

頼らせてしまうと，場面を具体的にイメージしなくなり，本質的な理解につながりにくくなるといったことが起こります。

　結果的に，「問題は解けるけれども意味はよくわかっていない」という子どもが現れるわけです。

❷2つの改善ポイント

　例えば，ひき算やわり算の問題で，とりあえず「問題文に出てくる大きい数から小さい数をひいたり，わったりする」子どもがいます。実際，こうした方法を使えば，市販テストの多くの問題には対応できてしまうというのが現実です。

　この方法である程度の確率でうまくいくわけですから，味をしめた子どもは，こうした方法を積極的に取るようになります。これも1つの生きる力です。

　こうした子どもの態度を改善していくために，私は，次の2つの「実感」を大切にしています。

　①具体的な問題場面をイメージして考えると，理解が深まることの実感
　②問題場面を具体的にイメージしないと，間違えることがあることの実感

2 マスキングの手法を応用する

❶「一部分を隠して提示する」とは

この２つのことを実感させていくために大切なことは，「問題文を，ただでは提示しない」ことです。

いわゆる「マスキング」という手法の１つですが，問題文のすべてを一度に提示してしまうのではなく，「一部分を隠して提示する」のです。

一般的に，マスキングというと，問題文の数値部分を□にするなどの方法が取られます。しかし，今回の「一部分を隠して提示する」は，**問題文の「言葉を隠す」までその範囲を広げて考えていきます**。

次のわり算の問題を例に考えてみましょう。

72個のあめを３人で同じ数ずつ分けます。１人分は何個になるでしょうか。

---

❷数値を隠す

この場面で，一部分を隠して提示する手立てを取り入れていきます。

１つめの方法として，「72」などの数値を隠すという方法があります。この場合，「あめがどんな数だったなら，１人分の個数がすぐにわかるか」ということが話題になる

でしょう。そして，「27や30のように，３でわりきれる数ならばすぐにわかりそうだ」といったように，**既習を基に具体的に場面をイメージする場**が生まれていきます。

□個のあめを３人で…

30個なら３人で簡単に分けられそう。

３でわれる数なら…

　最終的に□を「72」にすると，「これまでの学習と違う!?」「どうやって考えればよいのだろう？」といった，問いを生んでいくことができます。

❸言葉を隠す

　ただ，この方法では，数値に焦点化されてしまうため，「問題文全体をよく読む」という意味では十分ではありません。そこで，今度は問題文の言葉を隠す方法を考えます。

　72個のあめを３人で［　　　　　　］分けます。１人分は何個になるでしょうか。

　今回は「同じ数ずつ」がマスキングされています。子どもたちはすぐに，この□に入る言葉について考え始めます。

えっ，何が入るんだろう…？

□に何も入れなくても意味はわかるよ。

 「分けます」ってことは，別に同じ数
ずつ分けなくてもいいってこと？

だから「同じ数ずつ」が入るんじゃない？
この言葉がないと，わり算にならないよ。

問題提示

　このように，**たった１つの言葉が入るか入らないかだけ
で，随分と場面の様子が違ってくる**ことが見えてきます。

　子どもから上記のような発言が出てこなければ，「同じ
数ずつ」という言葉が入ることを伝えてもよいでしょう。
そのうえで，「この言葉，問題文に必要かな？」と全体に
問うていくのです。

　こうすることで，「同じ数ずつ」が入るかどうかで場面
として何が違ってくるのかが，必ず話題になるはずです。

　このように，数値だけでなく言葉を隠すことで，子ども
は問題文をじっくり読むようになっていきます。そして，
**一つひとつの言葉の意味をしっかりと考えて読まなけれ
ば，問題を誤って捉えてしまうことを実感していく**のです。

Q

子どもたちが受け身で，自ら問題場面に働きかけようとしません…

　基本的にはいつも教科書の問題をそのまま提示して授業をしているのですが，子どもたちがとても受け身な様子なのが気になっています。

　シーンと静まりかえった中，どの子も黒板に書かれた文をひたすらノートに写しています。

　当然，「問題文を写すこと」に集中しているので，子どもたちは自ら問題場面に働きかけようとはしません。

　問題文を書き終えてから，ようやく，数人が少し考えているかなという状態です。

　どのように関われば，問題提示の段階から，子どもが自ら問題場面に働きかけるような姿を引き出すことができるのでしょうか？

子どもが働きかける「スキ間」をつくってみよう！

A

1　問題提示のとき，子どもはとても忙しい

❶受け身な姿勢で始まる授業

　問題文を黒板に書きながら後ろを振り返ると，子どもたちがひたすら板書を写している…。そのような受け身な姿に，強い違和感をもっている先生方も多くいるのではないでしょうか。

　問題を提示する段階から子どもたちが意欲的に動き出し，スタートダッシュで授業が始められたなら，それに越したことはないでしょう。

　とはいえ，毎日凝った教材をじっくり考える時間もありませんし，問題提示で何か特別な工夫を，といっても簡単によいアイデアが浮かぶわけではないし…。

　日々忙しくしている先生方に，こうした悩みはつきものなのではないかと思います。

❷働きかける余裕

そこで，問題提示の段階から子どもたちの主体的な姿を引き出すことができる，「スキ間をつくる」という方法をここでご紹介します。

「『スキ間』とはなんぞや？」と思われた方も多いかもしれません。ここで言う「スキ間」とはズバリ，**問題を提示するときに意識的に取り入れる「間」**のことです。

例えば，問題提示の際に問題文を一気に黒板に書いてしまうのではなく，何度か間にインターバルを入れるということです。

なぜこうした方法を取るのかというと，**問題提示の際に子どもたちが問題場面に働きかけられない最大の原因が，「余裕のなさ」にあるから**です。

そもそも，小学生にとって，黒板に書かれた問題文をノートに写すというのはそれなりに大変な作業です。一字一句間違えずに書き写すわけですから，低学年の子どもにとっては，ちょっと高度な視写くらいに難しいはずです。

そんな忙しい時間に問題場面に働きかけろと言われても，多くの子にとっては到底無理な話なのです。

ですから，ときどき「子どもたちにとってわかりやすいから」という理由で，**画用紙などに書いた問題文を提示する授業を見かけますが，実はこれ，子どもたちにとっては逆にとてもわかりづらいもの**なのです。

なにせ，大量の文字情報がいきなり目の前にドンと出されるわけですから。

2　子どもが動き出す時間を確保する

❶子どもが問題場面に働きかけるための「スキ間」

　では，第6学年「分数のわり算」の学習を例に，問題提示の際に，どのように「スキ間」をつくっていけばよいのかを，具体的に見ていきましょう。

> 　1dL で $\frac{4}{9}$ m^2 の板をぬれるペンキがあります。このペンキ $\frac{2}{3}$dL では，何 m^2 の板をぬれますか。

　この問題文を分割して提示していき，その間に子どもがコミュニケーションを取れる時間を確保していくのです。

問題提示

「1dL で$\frac{4}{9}$m^2…」

「1dL で」ってことは…

m^{2}ってことは，面積だね。

「の板をぬれるペンキがあります」

ちょうど1dLで$\frac{4}{9}$m^{2}ぬれるってことだ。

$\frac{4}{9}$m² ということは 1 m² よりも小さい範囲だね。

「このペンキ…」

2 dL ならすぐわかる。$\frac{4}{9}$m² × 2 だよ。

3 dL なら 3 倍すればいいだけだね。$\frac{4}{9}$ × 3 だ。

「$\frac{2}{3}$dL では，何 m² の板をぬれますか」

分数だけど式はすぐわかるよ。$\frac{4}{9}$ × $\frac{2}{3}$ だ。

1 dL より少ないから，ぬれる面積は $\frac{4}{9}$m² より小さくなるはず。

いかがでしょうか。問題文を提示する途中の「スキ間」で，子どもたちが具体的にどんな反応をするのかがイメージできたでしょうか。

ここで子どもが問題場面に働きかける量の多さは，これ

までの授業の中で思ったことや考えたことを，どれだけ自由に発言させてもらえてきたかに依存します。

　もし，自分の学級の子どもたちの働きかけが少ないと感じた場合は，積極的に「スキ間」をつくり，働きかける姿を何度も引き出していきましょう。その都度「ここまででどう思う？」「何か思ったことはある？」「手をあげなくても，好きにつぶやいていいのですよ」と伝えていくのです。

　これにより，問題場面に「働きかける」とはどういうことなのかが，少しずつ子どもたちに伝わっていきます。

❷解釈するスピードのタイムラグを埋める

　この手立ての利点は，もう１つあります。それは，**子どもたち一人ひとりの，問題場面を解釈する速さの違いによって生まれるタイムラグを埋められる**という点です。

　「スキ間」をつくって働きかける時間を確保することで，どの子も，じっくりと自分のペースで問題場面を解釈していくことができるようになるのです。

　ですから，問題場面をすぐに捉えることが苦手な子であっても，しっかりと時間をかけて理解していくことができます。

　「スキ間」をつくる問題提示の方法は，これまでに紹介した「チラッとだけ見せる」「一部分を隠して提示する」などの方法と組み合わせることでも，大変有効な手立てになります。積極的に取り入れれば，授業のスタートから子どもたちが能動的に動き出すはずです。

Q

どうすれば，自力解決中にどの子も自分の考えをもてるようになりますか？

　問題を提示し，個々に考える時間を取ったものの，なかなか自分一人の力で考えをもつことができずに終わってしまう子どもがいます。

　何とかしたいと思ってその子につきっきりになっていると，結局，他の子どもに関わる時間をもつことができません。

　だからといって，ヒントカードを渡したり，やり方を直接教えてしまったりしては，子どもの力は育たないと考えています。

　どうすれば，自力解決中にどの子も自分の考えをもって追究していけるような関わり方をすることができるでしょうか？

歩き回る，考えを真似する，質問するをOKにしよう！

1 自力解決中の動き方

❶直接関わることの限界

　自力解決の時間をどんなに取ったとしても，学級の子ども全員が問題の解決を終えられるわけではありません（そもそも，全員が自力で解決できてしまうような問題ならば，学習の目標設定が適切なのかどうかを見直す必要があるかもしれません）。

　特に，算数が苦手な子にとっては，自分の考えをもちなさいと言われても，内容によってはとてもハードルが高い場合があります。

　一般的には，こういった場合，まずはその子に声をかけ，自分なりの解決の方向性をもてるようにと関わることが多いのではないでしょうか。

　ところが，このときに悩ましいのは，自力解決中に個別

で関われる人数が，どんなにがんばったとしても数人程度だということです。

例えTTの教員がいたとしても，たった2人で関われる人数や時間には限界があります。

❷他者の力を活用しながら問題を解決する

となると，根本的な問題を解決するためには，**「自分の考えをもてないときにどうするか」といった動き方を，子ども自身が身につけている必要があります。**

問題解決の力とは，決して一人ですべてを解決する力だけではなく，仲間の力を貸りたり，チームで協力したりしながら追究する力でもあります。

むしろ，**他者の力をいかに活用しながら問題の解決にあたるかという力は，これからの時代に強く求められている資質・能力**と言えます。

問題解決の過程で困ったときに「どう動くか」を身につけているということはとても大切なことなのです。

2 他者と共に学ぶ，他者から学ぶ

❶真似ぶ

では，具体的にはどのように動けばよいのでしょうか。

1つは，授業中に「歩き回る」ことを自分の判断でできるようにさせていくということです。

ただし，気をつけたいのが，「歩き回る」前に，**「どんなに難しいと感じた問題でも，まずは自分の頭で，一度，とことん考えてみる」**ことを，必ず子どもと約束するということです。

私はいつも，「自分の力で何も考えずに人を頼るだけだと，力はいつまでも伸びない」ということを，子どもたちに話しています。そのうえで，どうしてもわからないときは，立って歩き回り，友だちの考えを見て「真似」してよいことにしています。

困ったら，立って歩き回って，友だちの考え方を真似してみよう。

あっ！　この考え方は前に学習した方法を使ってる。なるほど…

そっかぁ〜，こうやって考えればよかったのか。

「友だちの考え方の真似をさせたら，子どもに力がつかないのではないか」と思われる先生がいらっしゃるかもしれません。

　でも，実はそうでもありません。

　なぜなら，**他人の考えを自分のノートに再現するには，それなりに相手の考え方を理解しなくてはならないから**です。これは，なかなか難しいことなのです。

　そもそも，「学ぶ」の語源は，一説には「真似ぶ」だとも言われています。どうしてもわからない場合，まずは，他者を真似てみることから始めることはとても大切な「動き方」なのです。

❷必要感のある他者との「対話」

　実際に「歩き回る」ときは，友だちの考えの中で「なるほどな」と思う考え方を，ノートに自分なりに書き表すようにします。

　このとき，どの考え方を見ても「よくわからない」といった子どももいるかもしれません。そのような場合には，直接，相手に「質問」をしてもよいことを伝えていきます。

　「どうして〇〇なの？」

　「これってどういうこと？」

　このように質問することで，友だちの考え方を少しずつ理解していくことができます。

　しかも，**質問された側にとっても，説明するためにあれこれと考えますから，大きなメリットが生まれます。**

こうした状況下では，必要感のある他者との「対話」が，自然と生まれていくのです。

 ねえねえ，なんでこの図を使って考えたの？

 ここの部分って，どういう意味？

えっと，これはね…

　もし，だれの考えを見たらよいかわからないという子がいたなら，
　「○○君のところに行ってみると，いいかもしれないね」
　「○○さんが，おもしろい考え方をしていたよ」
などと，関わるとよいでしょう。
　何度か繰り返すうちに，自分一人でも動けるようになり，教師に頼らずとも学びを進められるようになっていきます。

1つの考え方を見つけたら満足して，それ以上は考えようとしません…

　自力解決の際，自分の考えを1つ書き終えると，あとはただ黙って，まわりの友だちが書き終わるのを待っている子どもたちがいます。

　自分の考えが1つ見つかったとしても，できれば他の考え方を見つけたり，もっとよい方法はないかと探したりする態度を身につけてほしいと願っています。

　そこで，「他の考え方はないかな？」と声をかけているのですが，面倒そうな表情を浮かべるだけで，子どもたちはなかなか動いてくれません。

　どうすれば，自らたくさんの考え方を見いだそうとする態度をはぐくむことができるのでしょうか？

教師が大きな声でつぶやいてみよう！①

1 さらなる意欲を引き出す教師のつぶやき

❶解決が早く終わる子どもにも目を向ける

　子どもたちが一人ひとりで考える自力解決の時間では，恐らくそれぞれの解決スピードが大きく違うはずです。

　私たちは，こうした状況に出会ったとき，解決方法を見つけられずに困っている子どもに目が行きがちです。

　ところが，実はその裏で，算数が得意な子どもや先行知識をもっている子どもなどが，早々に答えを出し終えて暇そうに待っている…といったことが起きています。

　特に，先行知識をもっている子の多くは，問題を解く「方法」だけはわかっている場合が多いため，答えを出すことだけで満足してしまうことがあります。

　せっかく解決ができたのなら，他の考え方がないかを探したり，よりよい方法を考えたり，自分の考え方を別の表

現でも表したりするなど，自力解決の時間を有効に使う態度を身につけてほしいものです。

❷大きな声でつぶやくことは，価値づけること

　こうしたときに有効な手立てが，教師が「大きな声でつぶやく」という方法です。自力解決中に教師があえて大きな声でつぶやくことで，子どものさらなる追究意欲を引き出していくのです。

　この方法は，普段から何気なく行っている先生もいらっしゃいますが，これを意図的に，ねらいに合わせて使っていくのです。

　教師が「大きな声でつぶやく」ことは，何かを強く価値づけることにつながります。

　例えば，

　「〇〇という考え方はすばらしいね！」

と大きな声でつぶやけば，それを聞いていたまわりの子どもたちは，その考え方に価値があるのだと受け取ります。

　こうした心理をうまく利用することで，子どもに「…したくなる」心の状態を生み出していくことができます。

2　つぶやくことで子どもの思いを引き出す

❶具体的なつぶやき方

　例えば，次のようなつぶやき方があります。

①「えっ!?　同じ答えになっているけど，○○君と○○
　　さんではやり方が全然違うんだね！」
②「へぇ，なるほど，そんな方法があったかぁ。これは
　　だれも考えていない方法だなぁ」
③「すごい！　1つだけじゃなくて2つも考え方を見つ
　　けたの!?　1つ見つけても考えることを止めないで
　　2つめを探すなんて，すばらしいなぁ」

　まず，①では，どんなメッセージが子どもたちに伝わる
でしょうか。

　ここでは，「やり方が違う」ことに教師が感心している
わけですから，**「解決の方法の違い」が価値あるものとし
て子どもたちに伝わる**ことになります。

　ですから，こうしたつぶやきにより「僕も他の方法を見
つけてみたいな」のように考える子どもが出てくるわけで
す。

次に②を見てみましょう。このつぶやきでは，**「だれも考えていなかった方法を考え出したこと」が価値づけられています**。ですから，このつぶやきを聞けば，子どもは「自分も新しい考え方を見つけたい」と，考えるのです。

これはだれも考えていない方法だ！　すごい!!

私も新しい考え方を見つけてみたいな！

　最後に③です。このつぶやきでは，**「１つで満足せず，２つめの考え方を探す」**ことが強く価値づけられています。

　つまり，時間の限り「次の考えを見つけようと動く態度」のすばらしさを伝えることで，自分から動き出したくなる思いを子どもから引き出しているのです。

❷具体的な子どもの姿が見られない場合

　このように，教師が「大きな声でつぶやく」という方法は，**具体的な追究の方向性を価値づけることで，子どもが動き出す姿を引き出していくもの**です。

　しかし，はじめのうちは，つぶやこうとしても，①〜③のような具体的な子どもの姿が，学級のどの子からも見られないといった状況があるかもしれません。

　そうした場合でも，この手立ては使うことができます。

　もし，具体的な子どもの姿が実際にはなかったとしても，

「こんな姿が見られたらいいな」と思い描く子どもの姿が見られたと仮定して，同じようにつぶやけばよいのです。

　例えば，実際には③のように，２つめの考えを見つけようとしている子どもがいなかったとします。

　それでも，教室を歩き回りながら，「ほほう。どうやら，２つめの考えを見つけようと動いている子がいるぞ。すごいなあ！」と，大きな声でつぶやいてみるのです。

　それを聞いていた子どもたちは，教師がつぶやいたような姿の友だちを思い浮かべるでしょう。

２つめの考え方を見つけようとしている子がいるよ。すごい！

僕も２つめの方法を考えてみようかな！

　すると，子どもたちは「私も２つめを見つけてみよう！」と動き出します。

　このように，子どもから「…したい！」という思いを引き出し，それを価値づけていくことで，最終的にはどの子も自分で動ける力を身につけさせていくことができるのです。

どうすれば，解決方法を多様に表現しようとする姿を引き出すことができますか？

　自分の考えを表現する際，ノートに式と答えしか書かなかったり，時には答えだけしか書かなかったりする子どもがいます。

　また，考え方自体はたくさん見つけていたとしても，それを，図などに表して詳しく書こうとはしません。

　できることなら，式や答えを書くだけで満足するのではなく，考え方を多様に表現したり，補足説明を書き加えたりするような姿を育てていきたいと考えています。

　しかし，実際には，ただただ「たくさん書きなさい」と伝える指導しかできていないのが現状です。

　どうすれば，子どもが自ら解決方法を多様に表現しようとする姿を引き出していくことができるのでしょうか？

教師が大きな声でつ
ぶやいてみよう！②

1 「大きな声でつぶやく」手法を応用する

❶多様に表現することに価値を感じさせる

　子どもは，たくさんの考え方を見つけられるからといっ
て，必ずしも，一つひとつの考え方について詳しくノート
に説明を書いたり，図などを用いて表現したりするとは限
りません。

　そもそも，子どもたち自身が多様に表現することに価値
を見いだしていなければ，そのように動こうとはしないの
です。

　つまり，裏を返せば，子どもたちが多様に表現すること
に価値を感じるような教師の関わりがあれば，子どもは変
わっていくということです。

　もちろん，普段から「自分の考えをノートに多様に表現
することが大切だ」ということを伝えていくことは大切で

す。しかし，これだけでは，多くの子どもは自ら動き出そうとはしません。

❷多様に表現する姿を見取り，大きな声でつぶやく

　そこで，ここでも「大きな声でつぶやく」手法を応用して，子どもたちから多様に表現する姿を引き出していきます。

　この手法はとても汎用性が高いので，慣れてくると，引き出したい子どもの姿に合わせて，様々な場面で応用していくことができます。

　今回は，多様に表現することに価値を感じてほしいわけですから，自力解決の時間に，次のように大きくつぶやくのです。

　「〇〇さんは，式だけじゃなく図もかいたんだ！　なるほど。すごくわかりやすいね！」
　「〇〇君は，ふきだしで説明をつけ加えたんだ。すごいなぁ！　どうしてそうしようと思ったの？」

　もちろん，この言葉を一字一句同じようにつぶやけばよいということではありません。ご自身の学級の実態に合わせてつぶやいてみてください。

2　子どもの価値ある姿を広げ，学級を育てる

❶価値づけを強化する

　こうした言葉を学級の子どもたちみんなに聞こえる声でつぶやくと，必ず数人の子がこれに反応します。

　「僕も図をかいたよ！」

　「私もふきだしで説明を書いてみようっと！」

　たった一人でもよいのです。**価値づけした方向性に対し，意欲的に進もうとする子どもの反応をしっかりと見取り，その姿を取り上げていきます**。そうすることで，価値づけはより強化されていきます。

　「えっ，○○君も図をかいていたの？　すごいなぁ。そんなすばらしい人が他にもいたんだ！」

　「ふきだしで説明を加えるとわかりやすいよね。すぐに

友だちのよいところを取り入れるなんて，○○さんはどんどん成長していくなぁ」

　こうして，多様に表現することの価値は，学級全体に広がっていきます。

❷願いと理由を明確にもつ

　ここまで紹介してきた，自力解決中に「大きな声でつぶやく」という関わり方は，とても汎用性の高い手立てです。

　様々な場面で，子どもたち一人ひとりの学ぶ姿勢を育てていくことができる，とても有用なものなのです。

　ただ，どんなに有用な手立てであっても，意図もなく乱用すると，その効果は十分に得られません。

　大切なのは，**「こんな力をはぐくみたい」という願いを，「どうして，その力をはぐくむべきなのか」という理由とともに，教師が明確にもっていること**です。

　私であれば，例えば，次のような学びの姿勢を大切にして，いつも授業をつくっています。

- ・自分の解決が終わったら，自ら友だちと対話しようとする。
- ・自分で考えてもわからないときに，友だちにその悩みを相談しようとする。
- ・解決が終わったら，問題の数値や条件設定を自分で変えて取り組んでみる。

　これらの根拠をここで詳しく説明することは紙面の都合

上省きますが，こうした学びの姿勢が子どもたち一人ひとりの学びをより豊かに広げ，より深くしていくものだと私は考えています。

　はぐくみたい子どもの姿を自分の中で明確にイメージできていれば，そうした姿が実際に表れたとき，すぐに「大きな声でつぶやく」手立てを活用することができます。いつでも子どもを育てる準備が整っているからです。

　自力解決の時間は教師の休けい時間ではありません。いつ，どこで，子どもを成長させられるタイミングが来るのか，常に心の準備をし，アンテナを広げて待っている必要があるのです。

自力解決

どうすれば，主体的に互いの話を「聞きたくなる」ような交流にできますか？

　一生懸命に発表している人がいるのに，見ているのは数人の子どもと教師だけ。上の空でボーッとしている子や，何かをノートに書くのに一生懸命になっている子。最初はしっかりと聞いていた子も，気づけば途中から，隣の友だちとペチャクチャペチャクチャおしゃべりを始めてしまうことも…。話を聞くことに何とか集中させようと，「友だちの話は最後までしっかり聞きましょう」と促しても，いつもそのときだけしか効果はありません。すぐにまた集中力が切れてしまうようで，元の姿に戻ってしまいます。

　子どもたちが互いの話を「聞きたくなる」ような交流にするために，教師はいったいどのように関わっていけばよいのでしょうか。

「黙って最後まで話を聞く」を止めさせてみよう！

1　どのように「聞く」か

❶他者の話を主体的に聞けない理由

　普段，自分自身が他者の話を聞く場面を想像してみてください。

　例えば，気になっている映画の話や，好きなミュージシャンについての話を聞いているときならば，意識せずとも相手の話に集中できるかもしれません。

　でも，もしそれが職員会議だったら…？

　参加した研修会で，長時間に渡って講演を聞いているときだったら…？

　いかがでしょうか。話し手が伝えようとしている内容を，最初から最後までどれほど集中して聞くことができるでしょうか。

　きっと，すべてを…と言われると，大人であってもなか

なか難しいはずです。

　では，人はどのようなときに，他者の話を集中して聞けなくなってしまうのでしょうか。

　多くの場合，次の2つが大きな要因となっています。

①相手の話が長い
②話の中に難しい言葉が出てくる

　いくら興味がある内容の講演だったとしても，長い話を一方的に聞かされたり，難しい言葉を使って説明されたりしたなら，大抵の人は途中で挫折するものです。だんだんと話についていけなくなり，ついには聞くことをあきらめてしまうのです。

　これは，授業中の子どもも同じです。友だちや先生の話が長かったり，よくわからない言葉で説明されていたりすると，どんなに一生懸命に話を聞こうと思っていても，次第に話を聞くことはできなくなってしまうものなのです。

　ご自身の学級の様子をよく観察してみてください。**だれかが話を始めたら，話し手ではなく，聞き手の子どもの様子をじっと見る**のです。

　恐らく，はじめに話を聞けなくなるのは算数が苦手な子たちです。そうでない子も，話し手の説明時間が長くなればなるほど，徐々に脱落していくのがよくわかります。

　しかし，こうした状況は，教師の関わり方をちょっと工夫するだけでも，改善していくことができます。

❷教師も子どもも「聞き方」観を変える

　その方法というのが，「『黙って最後まで話を聞く』を止めさせる」という手立てです。簡単に言うと，これまでの「聞き方」観を一変させましょうということです。

　もしかすると，読者の先生方の中には，大変驚かれた方がいるかもしれません。学校では「他人の話は静かに最後まで聞きなさい」と教えるのが一般的な指導であり，当たり前のことだとされているからです。

　この手立ては，なにも，だれかが話しているときに好き勝手に友だちと話をしてもよいと言っているわけではありません。当然のことですが，授業と関係のないおしゃべりを放っておいては，あっという間に学級が崩壊してしまいます。

　方法はとても簡単です。「話を聞いている途中で，『よくわからなくなってきたな』『疑問があるな』とか，逆に『すごく納得したな』とか，『自分と同じ考えだな』と思っ

たときは，そのときに必ず声に出すようにしましょう」
「黙って最後まで聞かなくてもいいのですよ」と，伝える
だけです。

　このとき，「自分が説明している側のときは，もし，最
後まで説明を聞いてもらった方がわかりやすいと思う場合，
『とりあえず，最後まで聞いてください』と伝えましょう」
とつけ加えおくとよいでしょう。

2　アクティブ・リスナーを育てる

❶聞き方が変わるだけで「わからない」が少なくなる

　こうした声かけを繰り返し，実際の姿を価値づけていく
だけで，新しい「聞き方」観は確実に子どもたちに浸透し
ていきます。

　そして，子どもたちの話の聞き方も，劇的に変化してい
くのです。

僕は〇〇だと思います。だって…

えっ，…ってどういうこと？

　このように，わからないことがあればすぐに自分から声
を出す「聞き方」観を身につけていくと，「相手の言って

いることがわからなくて話を聞けなくなる」ということは少なくなります。わからない状態を，そのときそのときで解消しながら話を進めていくことができるからです。

❷アクティブな聞き方が対話につながる

この手立ては，わからないときだけに声を出させるというものではありません。**話し手の言いたいことに対して「納得」「賛成」「反対」「疑問」など，「自分がどう思ったか，感じたか」を表現しながら聞くことを当たり前にしていく**というものです。

ですから，「納得」したなら「なるほど」「うんうん」とうなずくのでもいいですし，「反対」なら，「でも！」と反論したり，首を傾げたりしてもいいのです。大切なことは，**ただ受け身に話を聞くのではなく，話し手に積極的に働きかけながら聞く**ということです。

こうして，話を聞く活動自体が次第に能動的な活動へと変化し，学級の中で次々と**「アクティブ・リスナー」**が育っていきます。

話し手がアクティブならば，聞き手もアクティブに。これこそが双方向のコミュニケーション，対話の醍醐味なのです。

全体交流

話し合いについていけず，途中で脱落してしまう子どもがいます…

　授業中，話し合いの内容についていけず，途中で考えるのをあきらめてしまう子や，理解が追いつかずに投げ出してしまう子がいます。そうならないように，何度か同じ説明を複数の子にしてもらったり，わかりやすい言葉に教師が言い換えたりしながら整理しているのですが，なかなかうまくいきません。特に，高学年の学習内容は難易度がとても上がるので，ついていけない子が多く出てしまいます。だからといって，表面的にわかりやすいところだけを扱っていても，学びは深まらない一方です…。

　どうすれば，どの子も最後まで意欲的に参加し，理解を深めていくことができるような交流をつくることができるのでしょうか？

「階段型の交流」を
取り入れてみよう！

1　話についていけなくなるタイミング

❶「対話」を通して学びを深める

　話し合いについていけない子どもが出る。これは、きっとどんな学級でも起こり得ることの１つです。

　浅く表面的な学習内容についてだけ話し合っていれば、どの子もわかるのかもしれません。しかし、単なる表面的な交流をするだけでは、いつまでたっても学びが深まっていくことはありません。

　授業に「話し合い（全体交流）」を取り入れることの目的は、何よりも学びを深めることにあります。**たとえ難易度が高くなろうとも、「対話」を通して学級全員で学びを深く堀り下げていくことをあきらめてはいけない**のです。

　とはいえ、話し合いについていけない子どもが続出してしまっているようでは、そもそも、何のための全体交流な

のかわかりません。

　こうしたことから，「対話」を通してどの子も学びを深めていくことができる手立ては，教師が必ず身につけているべき大切な指導法の１つと言えるでしょう。

❷話題が深まり，変化するスピード

　では，そもそも，子どもが話し合いについていけなくなる要因は，いったいどこにあるのでしょうか。

　その中の１つとして考えられるのは，**「話題が深まったり変化したりするスピード」**です。

　例えば，映画を見ているときを想像してみてください。ときどき，「えっ，どういうこと？」と，場面を巻き戻して見たくなるような経験をしたことはないでしょうか。

　こうした状況の多くは，話が急展開したときに起こります。つまり，自分の理解するスピードが話の展開についていけないときに起こる現象ということです。

　授業中，交流についていけない子どもの中では，恐らく同じことが起こっているはずです。

　ボーッとしている子どもや話を聞いていない子どもも，ほとんどの場合，はじめからそのような状態ではないのです。話題の深まりや変化に追いつけなくなったあるタイミングを境に，学ぶ意欲を失ってしまったのです。

❸「階段型の交流」

　子どもが話し合いについていけなくなる要因が，話題が

深まったり変化したりするスピードが速すぎることにある
とすれば，**私たち教師の仕事は，そのスピードをほどよい**
塩梅に調整することだと言えます。

　それを実現するのが，「階段型の交流」という手法です。

　実際の階段をイメージしてみてください。一段上がると，
平面があります。そして，またもう一段上がると平面。段
差が大きければ上がっていくのは大変ですし，逆に踏み板
が広すぎれば，それはそれで歩きづらいものです。

　これを交流の展開に当てはめ，**段差の大きさや踏台の広**
さを適度に調整するのが，教師の役割というわけです。

全体交流

2　踏板を意識する

❶立ち止まる勇気

　まず，教師は話し合いの深まりにしっかりとアンテナを
張る必要があります。話題が一段階深まったり，変化した
りするタイミングで，交流を一度止める必要があるからで

す。

　恐らく，こうしたタイミングの多くは，話し合いが盛り
上がっている瞬間です。ですから，「この勢いを止めてよ
いのだろうか…」と，はじめは戸惑いを感じるでしょう。

　しかし，そこで一度冷静になる必要があります。

　そして，勇気をもって立ち止まり，そこまでの流れを確
認していくのです。**階段を一段上がったところで，どのよ
うにこの階段を上がったのか，その経緯を全体で確認する**。
ここが，階段の「踏板の面」です。

❷階段の踏板「学びのストーリーの振り返り」

　「ちょっと待ってね。急に話が難しくなったから，一度
振り返るよ」

　「さっき，○○君が…と言ってこんなアイデアが出たん
だよね。そうしたら，○○さんが，『それだと問題だ』と
反論して，結局，○○君の方法ではできないかもしれない
ことがわかったんだね。そのとき…」

　このように，そこまでの話し合いの経緯を丁寧に振り返
るのです。

　教師が一方的に解説することには抵抗がある方もいらっ
しゃると思います。しかし，よく考えてみてください。

　これは，教師が一方的に知識を伝達しているのではなく，
子ども自身が展開してきた学びを再生しているだけです。
もちろん，ある程度の整理をしますが，その中身はいずれ
も，子どもが紡いできた「学びのストーリー」です。

こうした教師の関わりは，むしろ，子どもがつくり出してきたそうしたストーリーを，強く心に印象づける働きがあるのです。

❸階段の踏板「ペア交流」

　踏板の面をつくるには，「学びのストーリーの振り返り」の他に，「ペア交流」を取り入れるという方法もあります。ペア交流を乱用する指導には批判的な立場の私ですが，意図的なペア交流は，大変有用な手立てになります。

どうして〇〇君がこの考え方だと言ったのか，
お隣の友だちと確認してごらん。

だって，わり算のときには…

　このように，それまでの話題をペアで確認させるのです。もちろん，これだけでは不十分なことが多くありますから，こうしたペア交流の後には，教師による「学びのストーリの振り返り」があるとなおよいでしょう。

　このように，階段の踏板である面を意識的に短いスパンで取り入れる。これが，「階段型の交流」です。

　一段上がるたびに学びのプロセスを確認することで，どの子にとっても理解が深まり，次の学びへの強固な土台をつくりあげていくことができるのです。

言いっぱなしの発表が多く，話題があちこちに拡散してしまいます…

　意欲的に意見を発表する子が学級の中に多くいます。それ自体は大変うれしいことなのですが，ほとんどの子が，自分の意見を言ったら満足してしまい，友だちの話をあまり聞けてはいないようです。そのためか，全体交流ではいつも話題があちらこちらへと拡散し，1つの話題を深めていくような話し合いが十分にできずにいます。

　せっかく意欲的に発言している子どもたちの姿勢は認めてあげたいのですが，このままでは，いつまで経っても学びを深めていくような話し合いが実現できません。

　どうすれば，意欲的な子どもたちの思いを大切にしつつ，焦点化された質の高い話し合いを展開することができるのでしょうか？

話題に壁をつくって
みよう！

1 教師の役割

❶意欲だけでは，学びは深まらない

　子どもたちが話し合いに意欲的ではあるけれど，いつも話題があちこちに拡散してしまう。特に，低学年の担任をしていると，こういったことはだれもが経験されることではないでしょうか。

　１年生の子どもなどは「自分が思ったこと，考えたことをとにかく伝えたい」という思いにあふれています。これはもちろん，悪いことではありません。むしろ，望ましい学びの姿勢と言えます。

　とはいえ，「意見を言いっぱなしで，友だちの話はまったく聞いていない」「指名されて話し始めたかと思うと，直前に出た意見とまったく同じ内容を話す」なんてことばかりでは，いつまで経っても学びは深まっていきません。

下学年ではある程度仕方ない部分もあるかもしれません
が，放っておいては，上学年になってもこうした姿が残っ
てしまうものです。

❷「指名するだけの教師」からの脱却

　こうした子どもの姿が見られ続ける原因は，私たち教師
による関わり方にあると考えられます。その最たるものが，
子どもが「話したい」とアピールしているときに，ただた
だ「指名する」といった関わり方です。

　そもそも，子どもだけで話し合いを展開して学びを深め
られるならば，教師は必要ありません。

　**何らかの効果的な関わりで話し合いがより深まる方向へ
と促していく，それが私たちの大切な役割の１つ**です。

　もちろん，学年が上がるにつれ，そうした関わりは少な
くしていく必要があります。しかし，高学年だからといっ
て，すべての話し合いを自分たちだけで深めていけるわけ
ではないのです。

　そこには，適切な教師の関わりが必要になります。

　ただ指名するだけでは，言いたいことを好き勝手に言わ
せている状態，まさに「放任」状態と言えます。

❸本当に子どもに寄り添うとは

　ただし，教師が過剰に関わり，管理的に話し合いを組織
すれば，子どもの発表に対する意欲はどんどん下がってい
きます。高学年でときどき見るような，話し合いになると

静まり返ってだれも話さないという姿は，そうした教師の関わりの繰り返しによって生まれたものと言えます。

　そこで，「本当に子どもに寄り添う」関わりを意識していくことが必要になります。これが，焦点化された話し合いを組織する一番の近道です。

　「本当に子どもに寄り添う」とは，たった１人の意見を大切にする姿勢を子どもたちに示すことです。

　たった１人の意見を徹底的に深堀りし，そこについて全員で議論する展開を教師が組織していくのです。これを実現するのが，「話題に壁をつくる」という手立てです。

2　話題に壁をつくる

❶壁をつくり，話題を逸らさない

　「話題に壁をつくる」とは，その名の通り，複数の話題

が混ざらないように，話題と話題の間に壁を築くということです。これが，学びを深めるための交流では，とても重要な教師の関わりなのです。

　例えば，Ａ君という子が「９－３」のひき算の学習で，「これは９＋３だと思います」と，発言したとしましょう。当然，まわりの子どもからは「私はひき算だと思う！」などといった声が上がるはずです。

　こういった場合，みなさんなら，どうするでしょうか。実は，ここでその声にすぐに反応して指名し，ひき算である理由を説明させてはいけません。

　今，「９＋３」という意見が出ているのですから，話題をそこから逸らしてはいけないのです。

「ちょっと待ってね。まずはＡ君の言っていることについて，みんなで考えてみよう。Ａ君はなぜ，たし算だと考えたのか，その気持ちがわかる人はいるかな？」

　このように，全体に問いかけるのです。

 ９＋３だと思います。

私は９－３だと思います。だって…

 ちょっと待てね。まずは，なぜたし算だと考えたのか，気持ちがわかる人はいるかな？

すると，「ひき算」と主張していた子どもたちからも，「たぶん問題の話の中に…」といった意見が出てきます。

❷他者の考え方の価値

中には，「僕はひき算だと思います」と，無理やり別の意見を述べようとする子どもがいるかもしれません。しかし，こうしたときには，毅然とした態度で次のように対応します。

「ちょっと待ってね。今，A君が出してくれた9＋3という大切な考え方があるから，まずは，みんなでこの考えについて話し合おうよ。友だちの意見を大切にして話し合いをすると，どんどん賢くなるよ」

このように，他者の考え方の価値を伝えていくのです。

自分の意見を言いっぱなしにするのではなく，**たった1つの意見をみんなでとことん議論する場をつくり，その価値を共有していく**。これこそが，「本当に子どもに寄り添う」ことだと私は考えています。

こうした教師の姿勢は，次第に子どもに浸透していきます。友だちが発言したことについて深く考え，そこに自分の意見をつなげていく姿勢が身についていくのです。

Q

どうすれば，一人ひとりの発言がつながる全体交流にできますか？

　全体交流では，話題は同じことについて話していても，子どもの発表が単発で終わってしまうことが多く，なかなか学びが深まりません。まるで発表会のようで，それぞれが自分の考えたやり方を伝えて終わり…といった展開になってしまうことも多くあります。そこで，「この考え方について，みなさんどう思いますか？」と問いかけるように心がけています。しかし，一部の子は発言できるのですが，多くの子はそうした話し合いには参加できないままです。結局は交流が止まってしまい，「他の考え方はないかな？」と，話を変えることに…。

　どのようにすれば，一人ひとりの発言がつながり，学びが深まっていく交流にすることができるのでしょうか？

不十分な発言を推奨し，意図を問う発問や絞り込み発問をしてみよう！

1 話題の焦点化から学びを深める話し合いへ

　子どもの発言が単発で終わってしまい，全体交流として深まりがない。こういった悩みは，多くの先生方から聞くことがあります。

　前項では，話題が拡散しないようにするには，「話題に壁をつくる」ことが大切だと述べました。こうした関わりにより，まずは，話し合う対象についてある程度焦点化していくことができるでしょう。

　しかし，ここからさらに，「発言がつながる」「学びが深まる」交流にするためには，もう1つ手立てを打っていく必要があります。

　そこで大切になるのが，子どもの中にある「発言に対する意識」の改革をすることと，議論を深めさせていくための教師の「発問」を取り入れることです。

2 意識改革

●発言に対する意識

「発言に対する意識」の改革。これは，**普段の授業の中で，どんな気持ちで手をあげ，発表をするのかといった子どもの意識そのものを変えていく**ということです。

一般的に，多くの子どもに見られるのが，「発言するときは完璧な説明をしなければならない」と思い込む姿です。

人は，何か人前で発言するからには，中途半端でまとまらない意見ではなく，ある程度整理がついたものを伝えたいと思うものです。

しかし，このような意識が子どもの中で強すぎると，まず，発言が苦手な子がなかなか手をあげなくなります。「今の自分では完璧な説明はできない」と思うからです。

一方で，発言が得意な子どもは，一度の発表での説明が長くなりがちです。これは，自分ですべてを説明して完結させようとするからです。

●中途半端で不十分な発言を推奨する

そこで，子どもたちに，「発表はできるだけ短い方が聞きやすい」「発言内容は中途半端でいいし，不十分な説明でもいい」「言いたいことがたくさんあるときは，まずは，1つに絞って話そう」といったことを伝えていきます。

低学年であれば，ちょっとしたつぶやきも発表の1つな

のだということを，具体的な発言「えっ，なんで？」「あ
ぁ！」「なるほど！」を拾い上げながら伝えていくとよい
でしょう。

　高学年であれば，自分一人ですべてを説明しようとする
子どもに対して，「もう一度，一番伝えたいことに絞って
言ってごらん」と繰り返し指導していきます。また，「わ
かっているところまでの説明」も大いに歓迎していくとよ
いでしょう。

　こうして，子どもたちから「中途半端で不十分な発言」
が多く出てくるようになります。このような，不十分な発
言は，活発な議論へとつながるカギになります。

　なぜなら，それだけでは説明が足りないからです。つま
り，**説明を補うために発言をつなげていく必要感**が生まれ
てくるわけです。また，これは同時に，多くの子が発言す
る機会をつくることにもなります。

全体交流

3　発問により発言がつながる交流をつくる

❶発言の意図を問い，１つの話題を深く掘り下げる

　次に，教師の発問により，子どもが発言をつなげやすく
なるような方向づけをしていきます。これにより，全体で
の議論が深まっていくことになります。

　その１つの方法が，**発言者の意図を全体に問う**という方
法です。

　「今の，○○さんの『かけ算だと思う』と言った気持ち，
わかるかな？」

　このように，発表した人がどうしてそのような発言をし
たのか，その意図をまわりの子どもたちに問いかけ，考え
る場をつくっていくのです。

　これを，前項でご紹介した「話題に壁をつくる」ことと
併用しながら取り入れていきます。

　１つの話題が出されたなら，**一度，他の話題との間に壁
をつくり，発言の意図を全体に問いながら，徹底的に掘り**

下げていくのです。

「つまり，○○さんが言いたいことは？」

「だれか，○○さんの言ったことをもう一回言える？」

「○○さんの気持ちがわかるかな？」

「どうして，○○さんはこのように考えたのかな？」

　こうして，ある話題について深く掘り下げていく過程というのは，実は算数が苦手な子どもにとっては，とても大切な時間になります。

　そもそも，算数を苦手としている子は，話し合われている内容を理解するのにある程度の時間がかかります。

　ある一人の発表者から出された考え方の意図が明らかになるまで，他の話題に移ることなく，多くの子どもの発言をつなげながらその意味について深く掘り下げられていく交流。こうしたプロセスならば，理解するのに時間がかかる子どもも，ゆっくりと自分のペースで解釈したり，考えたりすることができるのです。

 私は，この場面はかけ算だと思います。

 「かけ算」と考えた気持ち，わかるかな？

 わかります！　きっと○○さんは…

❷絞り込み発問

「意図を問う発問」が，子どもの実態から考えて難易度が高いと考えられる場合には，「絞り込み発問」を取り入れていくことで対処することができます。

第5学年の体積の学習を例に考えてみましょう。

ある子どもから，下記の複合立体図形の体積を求める式として，「8×（9＋2）×4」という式が出されたとします。

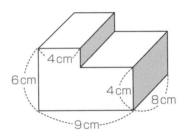

このときに，「この式の意味がわかる？」「この式をつくった人の気持ちがわかる？」と発問しても，何も答えられない子どもが多くいるかもしれません。式の中の情報量があまりにも多いからです。

ですから，

「この（　）の中の（9＋2）って，何のことを言っているのかな？」

と，式の中の一部分に絞り込んで発問をするのです。

低学年などでは，

「『5＋7』の『7』ってどういうこと？」

といったように，<u>1つの数に絞り込んで発問し，問題文に立ち返りながら確認していくのもよい</u>でしょう。

こうした発問の工夫により話題が焦点化されるため，どの子にとっても考えやすく，発言しやすい状況が生まれていくのです。

❸問われ方次第で，発言のしやすさは変わる

この「絞り込み発問」は，慣れないうちは難しく感じるかもしれません。実際，多くの授業を参観していても，**全体交流がうまく展開せず，発言がつながっていかない場合の多くは，こうした教師の「絞り込み発問」がうまく機能していないことがほとんど**です。

「みんな，どう思いますか？」「この式の意味がわかったかな？」などと，子どもの実態に合わないままに漠然と問うた場合，聞かれている範囲が広すぎて，多くの子どもは黙ったままになってしまうのです。

私たち大人も，会議の途中で「では，あなたはどう思いましたか？」と，突然司会者に問われても，何と答えてよいかわからなくなることがあると思います。これは，問われていることが絞り込まれておらず，具体的に何を聞かれているのかがわからないためです。

こうしたことからも，「絞り込み発問」は，大人，子ども関係なく，議論を円滑に進め，深めていくために，必須の手立てと言えるのです。

Q

どうすれば，より多くの子どもに発言するチャンスを与えることができますか？

　交流が始まると，いつも発表好きな子が，延々と説明してしまいます。その説明を聞いている他の子どもたちは，途中で集中が切れている様子。しかも，交流の時間が少なくなってしまい，結果的に他の子が発表するチャンスがなくなってしまいます。

　普段から，「説明は，短くわかりやすく伝えよう」と指導はしているのですが，なかなか効果は表れていません。

　説明が長くなってしまう子どもはとても意欲的に発言しようとしているので，その意欲を失わせるようなことはしたくありません。

　どうすれば，他の多くの子どもたちの発言のチャンスを増やすことができるのでしょうか？

「説明リレー方式」を
取り入れてみよう！

1 チャンスを増やす

❶「発言意欲」は大切に

　発表を始めると，ひたすら長く話し続ける子。私の経験上，毎年，学級に一人はいるタイプの子どもです。

　でも，こうしたタイプの多くは，発表する意欲にあふれていて，学びに対してとても前向きな子どもです。

　そんな姿は，学級の他の子どもたちにとってよい刺激になりますから，ぜひ，大切にしていきたいものです。

　しかし，実際の授業での交流場面となると，そうした子どもが延々と説明を続けたために時間がなくなってしまったり，まわりの子どもたちの集中力が切れてしまったりするのは，大変悩ましいものです。

　できればより多くの子どもに発表の機会を与えてあげたいと願うのも，正直なところではないでしょうか。

では，こうした「一人で長く話してしまう子」の意欲を大切にしながらも，他の子どもが活躍ができるようにするには，どのように関わっていけばよいのでしょうか。

❷説明を一時停止する

　その方法の１つが，**「説明リレー方式」**です。

　これは，１つの説明を複数の子どもにリレー方式で交代させていくというものです。

　例えば，全体交流の中で，B子さんという女の子の説明が始まったとします。

　こうした説明の途中でタイミングを見計らい，あえて教師が介入して説明を一度止めるのです。

　私はよく，「一時停止ボタン！　ポチッ!!」などと言って，指でボタンを押すようなしぐさをします。

　すると，見ていたまわりの子どもたちも「えっ，何が起こったの？」といった表情を浮かべます。

　ちなみに，この「止めるタイミング」が，実はとても大

切で，**B子さんの伝えたい考え方の一端が見え隠れしたあたりが絶好のタイミング**です。

　ここで，

　「さて，B子さんはこの後何を言いたいでしょう？」

と学級全体に問いかけ，他の子どもが説明するチャンスをつくっていくのです。

　もちろん，B子さんの発言をよく聞いていないと，説明の続きなどできません。

　もし，まわりの子どもたちが説明をしっかり聞いていない様子だったなら，

　「B子さん，もう一度，今のところの同じ説明をしてくれるかな？　この後，だれかにB子さんの説明の続きをしてもらうよ。自分ができるよと言えるくらい，よく聞きましょう」

と伝えます。

　すると，B子さんの説明を聞くまわりの子どもたちの集中力は，一気に高まっていきます。

私は，この2つの入れ物に入った水の量を比べるには，同じ大きさの小さなコップを用意すればいいと思います。だって…

一時停止ボタン！　ポチッ!!
B子さんは，この後，何を言いたいのかな？

2 「説明リレー方式」を取り入れるポイント

❶バトンタッチの仕方

　リレー方式で他の子に説明をバトンタッチしていく際，とても大切なポイントがあります。

　それは，**続きの説明をする友だちの指名をB子さんにさせる**ことです。何人かに発言させたい場面では，これを何度か繰り返して交代で説明させていきます。

　このとき，友だちの説明が，自分の言いたかったことと一致しているかの審判も，B子さんにはお願いします。

　また，時には，次の人をすぐに指名させるのではなく，「B子さんは，この続きにどんな説明がしたいと考えているか，お隣の友だちと話し合ってごらん」と，ペア交流を取り入れるのも効果的です。

　B子さんには，みんなが説明している内容を聞いて回ってもらうとよいでしょう。

　こうすることで，説明を途中で止められたB子さんが，その続きの説明をできなかったことに不満を抱くことはありません。むしろ，自分の提案した話題がきっかけとなり，学級みんながそれについて考え，話し合うわけですから，とてもうれしそうな表情を浮かべます。

　大切なのは，B子さんの考えを全体交流の中で生かし，それを学級みんなで共有していくことです。

それこそが，B子さんを大切にすることでもあり，他の子どもたちも大切にすることにつながるのです。

❷乱用による交流の形骸化

　この方法では，全体交流の最初に「今日は短くリレー方式で説明してもらうね」と，予め伝えておいて，途中で次々と説明する人を変えていくというやり方もできます。

　このようにすれば，より多くの子どもに発言するチャンスを増やすことができるというメリットがあります。

　しかし，乱用すると交流が形骸化（形だけが残り，パターン化する）していきます。バランスや，学級の実態を考えながら取り入れていくとよいでしょう。

　このように，「説明リレー方式」は，たくさんの子どもが活躍するチャンスを増やすことができる有用な方法ですが，<u>一人ひとりの考えを学級みんなで共有し，大切にするという本来の目的を見失わないようにしたい</u>ものです。

全体交流の時間が足りなくなり，多くの考え方を共有させることができません…

　考え方が多様に現れてくるような場面では，子どもたちからたくさんの意見が出されます。そのため，結局45分間の授業の中で，3つくらいの意見しか扱うことができません。

　いろいろな考え方が出ること自体はよいことだと思うので，どれも認めていきたいと思うのですが，全員の考え方を扱っていると3時間も4時間もかかってしまいます。

　一方で，一つひとつの考え方の方法だけをただ発表させるという方式にすると，発表会のようになってしまって，学びに深まりがありません。

　どのようにすれば，たくさんの考え方をみんなで共有できるような交流にできるのでしょうか？

子どもをたくさん歩き回らせてみよう！

1 全体交流でどの考え方を話題にするか

❶多様な考え方を扱うには，教師の力量が問われる

　算数では，学習内容によっては，多様な考えが表出する場面があります。例えば，第5学年の小数のかけ算「1m80円のリボン2.3mの代金」の求め方を考える学習では，かけ算のきまりを使う，単位を変換する，など，答えを導くためのアプローチが様々に出てきます。

　こうした，**多様に考えようとする子どもの姿は，算数の力が豊かにはぐくまれた，すばらしい態度**と言えるでしょう。

　一方で，子どもからたくさんの意見が出てくるようになると，それをどのように扱い，授業を展開していくのかが悩ましいところになります。当然，それだけ教師の力量が問われることにもなるわけです。

❷議論の対象とする考え方を絞り込む

　時間的に考えれば，１時間の授業の全体交流中に扱える考え方は，せいぜい２つか３つ程度でしょう。

　たくさんの考え方を扱うことを目的に，一つひとつのや̇り̇方だけを発表させていくのでは，せっかく交流をする意味がありません。

　ですから，子どもが自分の解決の仕方をノートに書いている間にそれをしっかりと見取り，どの考え方を全体の議論の対象とするのか，絞り込んでおく必要があります。

　ただし，このときに気をつけたいのは，できるだけ「正しいアプローチ」や「一般化できる効率のよい考え方」を取り上げるのではなく，**「誤ったアプローチ」や「一般化できない考え方」を優先して取り上げていく**ということです。

　「正しいアプローチ」や「一般化できる効率のよい考え方」は，それだけを扱っていても学びが深まりづらい場合が多いのです。それに対して，「誤ったアプローチ」や「一般化できない考え方」の方は，話し合いを活性化させ，学びを深めていく展開をつくりやすくなります。

　その理由については，姉妹巻の『算数授業スキルQ＆Aアドバンス』で説明していますので，詳しく知りたい方は，ぜひ，そちらをご覧になってみてください。

2 たくさん歩き回ることの意味

❶考えを伝え合う場

では，全体交流で扱うことのできなかった，他の考え方はどうすればよいのでしょうか。このままでは，だれの目にも触れることはありません。

私がいつもどうしているかというと，**「自分の考えが書かれたノートを持って，たくさん歩き回ることを OK にする」**という手立てを取っています。

せっかく考えた自分の考えを，だれにも伝えることなく授業が終わってしまっては，子どもたちの意欲を奪うことにつながりかねません。

そこで，自分の考えの書かれたノートを持って，自由に友だちと交流する時間を授業の中に位置づけるのです。

ここでは，子どもたちは，たくさんの友だちの考えを見

聞きしたり，自分の考えを伝えたりすることができます。

❷歩き回る交流を取り入れるタイミング

ただし，この手立てには大切なポイントがあります。

それは，**歩き回る交流を基本的に全体交流の後に行う**と
いうことです。

よく，全体の話し合いの前に小交流を長時間取るような
授業を見かけますが，この小交流を行う「タイミング」に
は，少々問題があります。

全体での話し合いの前に小交流を長時間行ってしまうと，
「全体で交流する必要感」が失われる可能性があるのです。

実際にやってみるとわかりますが，小集団での交流や歩
き回らせての交流を行うと，よい考え方はあっという間に
教室中に広がっていきます。

こうなると，「ある1つの考えについて，全体で議論を
深めたい」と考えていても，すでに子どもたちの間に考え
方自体が広がっているため，それを話題として取り上げ，
話し合う必要感が生まれなくなってしまうのです。

結果的に，**やり方だけが広まり，その考え方の意味や意
義を十分に学び取る場が失われてしまう**のです。

人は，何となくわかっている考え方に対しては，詳しく
知りたいという思いがわきにくくなるものです。

ですから，歩き回る交流は，全体交流後に設定する必要
があるのです。

❸単元全体で考える

このように考えると，歩き回る交流は，授業終盤に設定できるとよいでしょう。

ある程度の時間を確保できれば，複数の考え方を見聞きすることができるうえ，自分の考え方をたくさん発信できたという達成感も強くなります。

とはいえ，1時間の学習で漏れなくすべての考え方を全員が共有できるかといえば，そうではありません。

ですから，**1時間単位で考えるのではなく，単元の中で何度もこうした歩き回る交流を取り入れていく**のです。単元の中の学習というのは，基本的に前時までの既習を生かした学びが積み上がっていくようにできています。

ですから，繰り返しこうした交流を行えば，単元が終わるころには，かなり多くの友だちの考え方を吸収していることになるはずです。

たくさんの考え方に触れる場を，長期的なスパンで位置づけていく。それとともに，全体で深めるべき考え方をしっかりと見取り，絞り込んでいく。

こうした関わりが，子どもたちの考え方をより豊かに，幅広く育てていくことにつながっていくのです。

全体交流

教師が黒板に書き，それを子どもが写すだけのまとめで，本当によいのでしょうか…

　授業では，まとめを大切にしたいと考えています。そこで，日々の授業の最後に，教科書に記載されているまとめ的な部分を黒板に書き，それを子どもにノートに写させることを続けています。

　ただ，その中身は，ほとんどが算数の個別の知識に関わることばかりなので，最近では，本当にこういったまとめのあり方がよいのか悩んでいます。

　いろいろ考えてはいるものの，「では，他にどんなまとめができるのか」というと，なかなかよいアイデアが浮かんできません。

　何をどのようにまとめれば，よりよいまとめにできるのでしょうか？

まとめの対象を変え
てみよう！

A

1 まとめの再考

❶教師の考え方が反映される，まとめ

　まとめを授業の中にどのように位置づけるのかは，教師
一人ひとりの授業観や指導観がそのまま反映される。

　私はいつも，このように考えています。

　つまり，授業を通して何をどのように子どもにはぐくみ
たいのか，学びに対してどんな姿勢を育てていきたいのか，
そういった教師の考え方が，どのようなまとめをするのか
に大きく影響するということです。

　このまとめのあり方については，これまでもたくさんの
先生方が議論を重ね，その捉え方には様々ご意見があるよ
うです。

　**しかし，大切なことは，授業の中で「まとめ」の位置づ
け（何のために，必要なのか）を教師が明確にしているこ**

とです。

　私はいつも，算数の学びを通して子どもたちに，数学的な見方・考え方をはぐくんでいきたいと思っていますし，算数の楽しさや美しさを感じ取ってほしいとも願っています。

　ですから，まとめもその価値につながるようにと考えて授業の中に位置づけています。

❷まとめの形式

　上記のように述べましたが，私の授業を実際に見たことがあるという方は，恐らく，「まとめなど黒板のどこにも書いていなかった」と思われるでしょう。

　それは，私が黒板の右下に枠で囲んで書くような形式でまとめを板書することがないからです。

　何も，まとめを黒板に書くのが悪いと言っているのでは

ありません。私も，一応まとめを書いてはいるのです。

　お伝えしたいことは，まとめがどういった形で書かれているべきか，どのように書くべきかという形式自体は，大きな問題ではないということです。

　教師がまとめをどのような形にしようと，子どもにとってのまとめになっていなければ，意味がありません。

　何度もお伝えしますが，大切なことは形式ではなく，**授業の中でまとめがどんな意味をもつべきなのかを，私たち教師が考えること**なのです。

2　まとめのあり方

❶数学的な見方・考え方を位置づける

　では，具体的にどんなことをまとめにすればよいのかを考えていきましょう。

　私は，先にも書いたように，算数で身につけさせたい数学的な見方・考え方を授業の中でとても大切にしています。ですから，いつも，こうした見方・考え方がまとめに位置づくように意識しています。

　ただ，**見方・考え方は，授業の最後だけではなく，その途中でも子どもたちから表出してくるもの**です。つまり，授業の最後にまとめをするというのでは，タイミングがずれてしまうのです。

　ですから，私は**授業の途中で「まとめ」を行います。**

まとめ

第2学年の「たし算」の学習を例に考えてみます。

　この授業で，ある子が「25−12」を下のような方法で解決したとします。

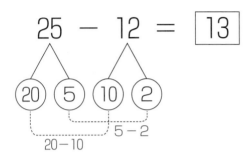

　こうした考え方が出てきたとき，

「なるほど，1年生のときにやった『さくらんぼ計算』の方法を生かしたんだね」

と言って終わるのでは，大切な数学的な見方・考え方が子どもに意識されることはありません。

　そこで，

「なるほど。なぜ分けて計算しようと思ったの？」
と，そのように考えた理由を問い返すのです。

　すると，子どもからは「だって，このままだとよくわからないから，十の位と一の位に計算を分けて，20−10と5−2にしてそれぞれでひけば，計算できると思ったんだ」といった言葉が返ってきます。

　ここに，子どもが働かせた数学的な見方・考え方が表れているのです。

　この子は，新しい計算を，既習の計算でできないかと考

え，「位に着目」して，「それぞれに分けて計算」しようと
したわけです。

この「　」の部分が，今後の算数の学習で生かされてい
く大切な数学的な見方・考え方です。

子どもからこうしたものを引き出せたなら，これをまと
めとして板書上に位置づけていくのです。

> これまでに学んだ
> 計算でできるよう
> にするために！

【大切な見方！】　・位に着目
　　　　　　　　　　・分けて考える

❷学びを振り返る

他にも，次のようなまとめも考えられます。

新しい問題を提示するという方法です。

新しい類似問題を提示し，「今回はさっきの問題とは違

った考え方を使って解いてみよう」と投げかけるのです。

　すると，子どもたちは新しい問題を通して，１時間の学びを振り返ることになります。

　１時間の学びを振り返り，「だれがどんな考え方を使い，それぞれにはどんなよさがあったのか」を考えながら，新しい問題ではどの考え方を活用しようかと考える過程は，まさに，まとめとしての位置づけにふさわしいでしょう。

　この場合は，黒板にまとめとして改めて何かを書く必要はありません。

　ただし，類似問題を提示した際に動き出せない子がいることは十分に考えられます。これは，１時間の学びの中で，他者の見方・考え方を十分に吸収できなかったためです。

　このような場合には，

「友だちの考え方をもう一度聞きたいなという場合は，直接聞きに行っていいですよ」

と声をかけるとよいでしょう。

　こうした，「友だちの考え方を聞きに行く」という行為自体も，１つの大切なまとめの場であると見ることができます。

　このように，まとめには形としては様々なあり方が考えられます。ただし，「まとめ方」といった表面的な方法だけを真似することにとらわれていると，大切な目的である「何のためのまとめなのか」という部分が抜け落ちてしまうのです。

ですから，まずは**自分の授業観を見直し，まとめの場を授業の中でどのような位置付けにしたいのかを明確にする**ことから始めてみてはいかがでしょうか。

　そこさえブレなければ，方法などいくらでも見つかりますし，形式は自由なのです。

書くべき大切な内容が多過ぎて，まとめきれません…

　授業の中でたくさんの考え方が出たり，よりよい方法や新しい知識の発見があったりした場合，まとめがとても長くなってしまうことがあります。

　けれど，これを無理に短くまとめようとすると，今度は抽象的でざっくりとした言葉になってしまいます。

　本当は，もっといろいろと書きたいのですが，文量も考えるとそれほど多くを書くことができないので，いつも，何を書くべきか悩んでいます。

　どうすれば，学習の中の大切なことを漏れなく盛り込み，子どもにとって意味のあるまとめにすることができるのでしょうか？

まとめを連続させて
みよう！

A

1　どこでまとめるのがよりよいタイミングか

❶最後にすべてをまとめようとしない

　前項で，「まとめには，教師の授業観や指導観がそのま
ま反映される」と述べました。

　例えば，第2学年の「三角形と四角形」の学習で，「4
つのかどがすべて直角になっている四角形を，長方形とい
います」という個別の知識をまとめとして位置づけようと
考えたなら，それほど文量を必要とはしないでしょう。

　しかし，子どもから出てきた数学的な見方・考え方につ
いて，授業の最後にすべてをまとめようとすると，いくら
文量があっても足りなくなってしまいます。また，授業の
前半に出た考え方などは，すっかり忘れ去られてしまって
いるかもしれません。本当は，まとめを通して学びの中で
大切なことを子どもに印象づけていきたいにも関わらず，

これでは十分にできません。

❷まとめを連続させる

このように考えると，まとめの場面を授業の終末場面だけで考えること自体に無理があると言えるでしょう。

ですから，思い切って，授業の中で何度もまとめをしていくのです。つまり，**まとめを連続させながら，授業を展開していく**ということです。

数学的な見方・考え方とは，授業の中で次々と子どもから表出してくるものです。しかも，それが１つとは限りません。たいていは，いくつも出てくるはずです。

ですから，その都度まとめを行いながら授業を展開していくのです。

2 まとめが授業の節となる

❶数学的な見方・考え方の鮮度

では，「まとめを連続させる」ことについて，具体的に見ていきたいと思います。第５学年の「小数のわり算」の学習を例に考えてみましょう。

2.3mのゴムひもを0.5mずつ切り取っていきます。
0.5mのテープは何本できるでしょうか。

このような問題を提示したとします。この問題を解決する過程で，子どもたちはいったいどのように考えていくでしょうか。

「2.3÷0.5はどうすれば計算できるかな？」

「前のように10倍にして考えればできるかな？」

「かけ算みたいに単位を変換すればできるかな？」

「わりきれないな？」

「あまりは何mかな？」

「なんで，あまりが3mになるのかな？」

子どもたちはこうした道筋をたどって，あまりが0.3mであることまで明らかにしていきます。そして，この過程では，「わり算の計算のきまり」や「単位」，「わられる数とあまりの関係」に着目して考えていくことになります。

これらは，どれも大切な数学的な見方・考え方です。そして，これらが1時間を通して次々と出てくることになるわけですから，それが出てきたタイミングでまとめとして位置づけていくのです。

これは，**時間が経ってしまってからでは，見方・考え方の鮮度が大きく落ちてしまうから**です。

まとめ

❷文脈とともにまとめる

見方・考え方の鮮度が落ちるというのは，言い換えれば，**その見方・考え方が顕在化してきた文脈が抜け落ちる**ということです。

つまり，「**どういった場面で**その見方・考え方を働かせ

たのか」という部分が欠けた状態になるということです。

　上智大学教授の奈須正裕氏は，こうした「〜だったら，○○をする」といった文脈の「〜だったら」の部分を条件節，「○○をする」といった部分を行為節と呼んでいます。そして，行為節だけを教え込んでも，それをうまく使いこなせるようにはならないことを述べています。

　つまり，上記の例で言えば，**「単位に着目する」ことだけを取り出してまとめに位置づけたとしても，新しい場面でその見方を使いこなすことは難しい**のです。

　ですから，

「なるほど，**小数を整数にして考える必要があったから**，単位に着目して考えていったんだね」

と，**具体的な文脈（条件節）とともにまとめをすることが大切になる**のです。

　こうした数学的な見方・考え方は，条件節と結びついてはじめて活用することができるようになっていきます。

　そして，その**条件節が蓄積されていくことで（どういった場合に使えるのかが広く見えてくることで），はじめて汎用的に用いることができるようになる**わけです。

　このように考えれば，見方・考え方が出てきたなら，できるだけそのときに，その文脈とともにまとめをすることがいかに大切なのかがわかると思います。

整数にして計算したいから，単位を m から cm に変えて考えると…

「整数にして計算したい」から，単位に着目して，それを変えるアイデアを使ったんだね。

　こうしたまとめを授業の途中で随時取り入れていくことは，算数を苦手としている子どもにとっても役立ちます。ときどき立ち止まりながらまとめをし，授業に「節」がつくられることで，理解が深まりやすくなるのです。

　まとめを授業の節々で行い，それを 1 時間通して連続させていくこと。これは，子どもたちの力を確実にはぐくんでいくために，大変重要なことだと言えるのです。

【参考文献】

奈須正裕『「資質・能力」と学びのメカニズム』2017年，東洋館出版社

板書を写すだけで，ノートを
自分なりに工夫してまとめる
力が育っていません…

　ノートづくりは，子どもの学びにとってとても大切だと
考えているので，できる限り丁寧に指導するように心がけ
てきました。

　ただ，丁寧に指導すればするほど，どの子もみんな同じ
ノートになり，整ってはいても一人ひとりの工夫が見られ
ません。

　本当は，子ども一人ひとりに，自分なりの工夫をしてノ
ートをつくる力を身につけさせたいと考えているのですが，
なかなかうまくいかずに困っています。

　どうすれば，ノートを自分なりに工夫してまとめていく
力をはぐくんでいくことができるのでしょうか？

教師基準の書き方を示さず，「みんなでそろえる」ノートづくりをやめよう！

1 なぜノートを書くのか

❶「ノートづくり」指導を見直す

　はじめに，みなさんは「なぜ，子どもたちにノートを書かせているのか」と問われたなら，どのように答えるでしょうか。

　これには様々な考え方があるでしょうし，もしかすると，明確な答えをもっていないという方もいるかもしれません。一般的には，「子どもの学びを定着させるため」「子どもの思考を促進させるため」という考え方が多いように思います。

　では，ご自身の学級のノート指導は，そうしたノートづくりの目的に，はたしてつながっていると言えるでしょうか。

　もしかすると，今，行っているその指導は，目指してい

るノートづくりと，真逆の方向に向かっているかもしれません。

❷ ノートの役割

　ノートの役割として，私がいつも最優先したいと考えているのは，**「思考の促進」「思考の整理」**です。書くことによって，自分の考えを進め，学びを深めていくのに役立つノートづくりを一番大切にしたいと考えているのです。

　このように，教師がノートの役割を明確に意識して指導し始めると，次のような，気になる子どもの姿が浮かび上がってくるはずです。

　色ペンを何本も使いながら参考書のような美しいノートをつくりあげている姿。

　友だちが発表している最中，黒板に書かれていることをずっとノートに写し続けている姿。

　自分の考えをノートに書く際，間違いをすぐに消して，正しい答えしか書かない姿。

　いずれも，**「よりよい思考をする」ことにノートを役立てているのではなく，「美しく書くこと」自体が目的になっている姿**です。

❸ 「みんなでそろえる」ルールの危険性

　ここで気をつけたいのは，こうした子どもたちの姿は，教師自身が生み出してきたものだということです。

　世の中には，先生方それぞれの考え方によってノートを

整理する様々な形式が存在します。それを，まるで唯一の「正しい書き方」として子どもに押しつけることは，子どもが自ら工夫してノートづくりをする力をはぐくむことにはつながらないのです。

課題は赤い□で囲むよ。まとめは青ね。
筆算では必ず定規を使いましょう！
あと，答えを書くときは，1行空けること。

そうやって書くのがいいノートなのか…

誤解しないでいただきたいのは，その書き方自体が悪いと言っているのではないということです。

書き方をみんなで一律にそろえ，ルールとして押しつけていることに問題があると述べているのです。

教師がノートの書き方を細かく指導すればするほど，子どものノートを書く目的は「その書き方に従って美しく書くこと」になっていきます。つまり，「指導された書き方のルールに合っていること」に，子どもは価値を感じていくのです。

また，「ルール」に従えばよいという状況下では，子どもは決して自分から工夫しようとはしません。**「ルール」は，子どもから工夫の余地を奪う**のです。

ノートを書く本来の目的は，自分の学びに役立てること

ノート

のはずです。あくまで，学びを深めるための「手段」であることを忘れてはいけません。

2　友だちのノートからよさを見いだす

❶友だちのノートから学び取る場

　自分の学びに本当に生かせるノートづくりの力を子どもに身につけさせたいと願うのなら，形式を押しつける指導から教師が脱却する必要があります。

　担任が変わるたびに変わる「ノートの書き方指導」は，子どもにとっては迷惑そのものです。

　まずは，子どもに自由な形式でノートを書かせるところから始めるのです。はじめは，

　「黒板を全部写す必要はないよ」

　「自分が大切だなと思うところだけでいいから，後で見て一番わかりやすいように自由に書いてごらん」

と伝えます。もちろん，書くことが苦手な子どもたちのノートの仕上がりは，最初は大変なことになるでしょう。

　でも，それでも大丈夫です。

　次の時間，数人の子のノートを拡大して見せながら，

「このノート，先生はすごくいいなと思ったんだけど，どこがいいと思ったかわかる？」

と，全体に投げかけていきます。

　「黒板とは違う形で，自分なりに整理してるから？」

「あっ，わかった！　ふきだしで自分が思ったことを書き込んでいるからだ！」

　このようにして，**友だちのノートから学び取ったよさを，学級全体で共有していく**のです。

❷形式ではなく，内容を価値づける

　ただし，ここで注意していただきたいのは，**どんなときでも，「形式だけを価値づけない」**ということです。

　中には，「字がすごくきれいなところが，いいんじゃないかな」などと言う子もいるはずです。こうした発言が出てきたときには，「確かに字が丁寧に越したことはないよね。でも，ノートに書かれている中身に注目してほしいんだなぁ」と，内容に着目させていくのです。

　形式は問わず，徹底的にノートの中身（何を書いたか）を価値づけていく。これを繰り返してはじめて，本当の意味でのノートづくりの力が一人ひとりにはぐくまれていくのです。

Q

子どもがノートの間違いを,
すぐに消してしまいます…

　ノートには,自分が考えた足跡が常に残るようにと,

「間違えてもいいんだよ」

「間違いを大切にして,消さないようにしよう」

と,日頃から伝えています。

　ところが,間違いをノートに残しておくことに抵抗がある子は,それをすぐに消してしまいます。

　継続的に声をかけることで,一部の子どもに変化は見られました。しかし,いまだに間違いをすべて消して板書をきれいに写すことにこだわったり,そもそも自分の考えを書こうとしなかったりする子どもがいます。

　どうすれば,自分が考えた足跡を大切にしてノートづくりをする態度がはぐくまれるのでしょうか?

ノートに「試行錯誤コーナー」をつくってみよう！

1 板書を写すだけならノートは必要ない

❶自分が考えるために書く

　前項で述べたように，私は，ノートの役割として「思考の促進」「思考の整理」を一番大切にしています。

　このように考えたとき，ノートを一番に活用してほしいのは，まずは自力解決の時間です。

　もちろん，他者の考えをノートに整理したり，振り返ったりすることもとても大切ですが，まずは，自分が考えるために「書く」ことが有用であることを実感してほしいと考えているのです。

❷間違いをノートに書き残したくない子ども

　ところが，こうしたことを指導する際に，大きなハードルがあります。それが，子どもがもっている「間違いをノ

ートに書き残したくない」という気持ちです。

　特に高学年では，ノートに間違えたことを書き残したがらない子が学級に数名はいるのではないでしょうか。そうした子のほとんどは，ノートが美しい子です。

　「ノートは美しい作品のように仕上げたい」

　このように考えているために，ノートに間違いが残っていることを極端に嫌うのです。

　そもそも，間違いたくないという気持ちから，100％解法がわかっているとき以外，一切ノートに何も書かない子どももいます。

　これでは，何のためにノートを使っているのかわかりません。黒板をきれいに書き写すだけなら，写真に撮ればよい話なのです。

2　「試行錯誤コーナー」

....

❶四角い枠が，子どもの意識を変える

　では，どのようにすれば，自分の考えた足跡をノートにしっかりと残し，間違いも大切にしていくような態度をはぐくむことができるのでしょうか。

　その方法の１つが，「試行錯誤コーナー」をつくることです。これは，**自分が考えるためのスペースを，あえて，ノート内に別枠で設ける**というものです。

　とても形式的な手立てのように思うかもしれませんが，

これが，子どもの価値観をも変えていく，有効な手立てになるのです。

　たとえ形式な手立てであっても，目的が本質に向いていれば有用な道具となり得る，というわけです。

　具体的な方法としては，ノートに書き写した「問題」の下あたりに，「考えを書くスペース」として，四角い枠を書き込むというものです。

　このたった１つの四角い枠が，子どもの意識を大きく変えていくのです。

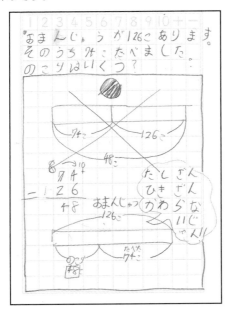

❷「考えるために書く」を目的にする

　子どもには，次のように伝えます。

「これから，自分の考えをノートに書いてもらうけれど，このように枠で囲んで『試行錯誤コーナー』をつくるよ。考えた足跡が残るというのは，とてもすてきなことだよ」

　この際，先に四角い枠を書いてもよいのですが，子どもがたくさん考えを書くようになった場合は，ひと通り書き終えてから囲むように指導するとよいでしょう。

　このように，枠で囲むだけで，多少乱雑な字であっても，ノートは美しく仕上がります。ですから，ノートをきれいに書くことに価値を置いている子どもたちも，わりと抵抗なく書き込むようになっていきます。

　そして，何よりこの手立ての効果は，**「考えるために書く」というノートの目的を，強く子どもたちに印象づけること**にあります。

　実際の指導では，考えた足跡がより詳しく，たくさん書いてあることを価値づけていくことで，子どもはさらに積極的にノートに考えを表現するようになっていくでしょう。

❸ ノートの秩序を乱さない「枠」

ノートに間違いを書き残したくない子どもにも，このコーナーは大きな影響を与えていきます。

こうした子どもたちは，秩序が保たれた美しいノート上に間違いが残されることで，全体の構成を壊されたような感覚になります。ですから，ノートに間違いを書き残したくないのです。

しかし，「試行錯誤の跡を残す」という目的意識と，「枠で囲む」という形式により，思いつきのアイデアや間違っているかもしれない自分の考え方を書くことに対する抵抗が，大きく軽減されていきます。

「試行錯誤の場」として定義された枠の中であれば，そうした1つのコーナーとして括られてノートに位置づくため，全体の秩序が保たれるのです。

もし，こうした子どもに少しでも変容が見られたなら，積極的にそのノートを取り上げ，全体に紹介していきましょう。

「すばらしいノートですね。みなさんは，○○さんのノートは，前とどこが変わったかわかるでしょうか？」

こうして，教師からも友だちからも自分の変容を認められると，その変化は加速し，他の子どもへも広がっていきます。

美しく書くためだけだったノートが，自分が考えるためのノートへと，アップグレードされていくのです。

ノートを書くのが苦手な子どもの意欲を高めるには，どうすればよいですか？

　学級にノートづくりを嫌がる子どもがいます。そして，こうした子どものほとんどは，字が乱雑でノートに何かを整理するのが苦手なようです。

　ノートに書く経験を重ねないと，いつまで経っても書く力をつけていくことができないと考え，励ましながら少しずつ書かせています。しかし，今のところあまり大きな成長が見られていません。やはり，本人のやる気が一番の問題かもしれません。

　どうすれば，ノートを書くのが苦手な子どもが意欲を高め，積極的にノートづくりをするようになるのでしょうか？

「いきなりノート大会」をして，特別賞をたくさんつくってみよう！

1 　字が乱雑な子こそノートづくりの上達は速い

❶字が乱雑なうちはノートづくりの工夫ができない？

　ノートづくりの話をしていると，「文を書いたり字を書いたりするのが不得意な子は，どうすればいいのでしょうか？」「レベルの高いノートづくりは，まずはノートを丁寧に書けるようになってからではないでしょうか？」といった質問を受けることがあります。

　しかし，「字が乱雑なうちは，ノートづくりの工夫ができない」というのは，本当のことなのでしょうか。

　私は，これは教師が勝手に思い込んでいることの1つだと考えています。

　むしろ，私の経験上では，逆のことの方が多くありました。つまり，**「美しいノート」にこだわっている子よりも，字が乱雑だった子の方が，「工夫したノートづくり」の上**

ノート

達スピードは速いことが多かったのです。

これは，ノートづくりが苦手な子は，「ノートづくりの型」をまだもっていないからだと考えられます。

❷「守・破・離」の落とし穴

「まずは基本を学ぶことが大切」という意味から，何かを習得し，それを発展させていく際，よく「守・破・離」という言葉が使われることがあります。

しかし，私はいつでもこの言葉が当てはまるわけではないと考えています。一度つくり上げた型から脱却するのは，人間にとってそうそう容易なことではないからです。

先生方ご自身も，新卒のころから身につけた授業スタイルや授業観をいきなり変えろと言われても，それはなかなか難しいことなのではないでしょうか。

ですから，「こんな形の美しいノートにしたい」といった「型」をすでにもっている子よりも，もっていない子の方が「変容していくスピード」が速いということは，大いにあり得ることなのです。

2 内容重視型のノート大会

❶「いきなりノート大会」の開催

字が乱雑で整理するのが苦手な子が，ノートづくりに積極的に取り組めるようにするには，まずノートづくりの一

番の価値を「自分の考えが表れていること」に置いた指導が必要になります。優先順位は，「ノートの美しさ」よりも「自分の思いや考えが書かれていること」です。つまり，ノートの字が雑なままでも，自分の思いや考えが書かれていれば，一段階レベルアップしたと評価していくということです。このような立場に立てば，教師が価値づけする言葉は，主にノートの内容面になっていくはずです。

こうした土台ができ上がったところで，「いきなりノート大会」を開催します。

これは，抜き打ちで互いにノートを見て，評価し合うというものです。なぜ，抜き打ちかというと，予告をすると子どもたちはどうしても見栄えよくしようとしたり，ノートづくりばかりが気になって，授業中に友だちの話を聞かなくなったりするからです。

❷評価の観点を確認する

時間は，授業終盤5〜10分くらいでよいと思います。

「これから，『いきなりノート大会』をします。みなさん，ノートを開いて鉛筆を持って立ちましょう」

と，子どもたちに予告なしに伝えます。恐らく，子どもたちからは悲鳴が上がるでしょう。このたったひと言だけで，教室の中は大騒ぎです。

　ここで，「友だちのノートを見てすてきだなと思ったら，ノートの欄外に自分の名前を書き込みますよ」と，友だちのノートを評価することも伝えます。

　このときに最も大切なことは，**見る観点が内容面であることを，全体でしっかりと確認すること**です。

　「黒板をまる写しするのではなく，自分なりにわかりやすく整理し直している」「自分の思ったこと，気づいたことを書き込んでいる」「自分なりの考え方をたくさん書いている」といった観点を確認することで，改めてノートづくりにおける大切な価値を子どもに伝えていくのです。

　このようにしてノート大会を行うと，内容面で高く評価されたノートが全体で共有されていきます。すると，「次

は我こそが」と，どの子も意欲的にノートづくりに取り組むようになっていくのです。

3　大会を成功させるポイント

❶字が乱雑な子の成長を取り上げる

　最後に，「いきなりノート大会」を成功させるうえでとても大切なポイントをお伝えしておきます。

　１つは，大会を始めた最初のころに，字や文を書くのが不得意な子のノートを，必ず毎回一人は取り上げて全体の場で価値づけるということです。

　「先生は○○君のノートにすごく感動したなぁ。○○君は，この間まで全然ノートを書いていなかったんだけれど，今はふきだしで自分の思ったことや考えたことまで書き込んでいるよ」

　このように話すと，取り上げられた子どもは満面の笑みを浮かべるでしょう。そして，見る見るうちに，ノートづくりが上達していくのです。これは，「もっと，工夫したノートづくりをしたい」という思いが，子どもの中で生まれたからです。

❷授業中の態度も価値づける

　２つめのポイントは，ノートのよさを全体で共有する際，必ず授業中の態度も一緒に価値づけるということです。

「〇〇さんのノートはすごいなと思いました。でも，先生がもっとすごいと思ったところは，〇〇さんは，友だちが発表しているときに，話を聞かずにノートを書いていることがなかったということです。しかも，いつも自分の考えをたくさん発表している。友だちの話をよく聞いて自分の意見を常に考えているから，こんなにすばらしいノートをつくることができるんですね」

　ノートだけの評価に偏ると，とにかくたくさんの工夫が詰め込まれているものや，見栄えがいいものに高い評価が集まりがちです。けれど，そうしたノートを書いた子どもの中には，授業中の話し合いに参加せずに，ひたすらノート書きに専念している子どもがいます。

　ですから，こうした声かけはとても重要なのです。

　あくまで，ノートづくりは手段であり，自分の学びを深めていくために上手く活用できていることが評価されるのだということを子どもたちに伝えていくことは，とても大切なのです。

❸特別賞をつくる

　大会を毎時間取り入れていくことはおすすめしません。それは，前述のように，授業中の目的意識が「ノートを美しく書くこと」に偏る危険性があるからです。

　ですから，子どもたちが忘れたころに，抜き打ち的に行うとよいでしょう。

　ノートづくりが学びを深めるための手段であるという意

識が子どもたちの中で確立されてきたなら，今度は，子どもたちが選ぶ特別賞を決める取組も効果的です。

「自分の気づきをよく書きこんでいるで賞」「板書をオリジナルでわかりやすく整理し直しているで賞」「自分なりのアイデアをたくさん書き込んでいるで賞」など，子どもたちが価値を感じたことに合わせて，様々な特別賞をつくっていくのです。

できれば，多くの子が活躍できるように，賞の幅を広げていくと，子どもたちの意欲はさらに高まっていきます。

ノート

どうすれば，板書の中に子どもの思いを位置づけることができますか？

　子どもの多様な意見を認め，それらを黒板上に丁寧に位置づけて板書づくりをしようと心がけています。しかし，いざ授業が終わって改めて黒板を見てみると，問題をどのように解いたかといった「方法」ばかりが書かれた板書になっています…。

　今のままでは，授業の途中で出てきた子どもの思いや，ちょっとした発見などが位置づいておらず，無味乾燥な板書だと感じます。

　どうすれば，子どもの思いが位置づき，その1時間にどのように学んできたのかが見えるような板書をつくることができるのでしょうか？

子どもの思いを「ふきだし」で書き込んでみよう！

1　集団の学びの中で活用される板書

❶板書は何のためにするのか

　みなさんは，板書をする際にどのようなことを大切にしているでしょうか。

　この板書に関しても，他と同様，それぞれの先生方の授業観が反映されているはずです。

　当然，「どのように書くか」といった「型」だけを取り出して考えても，子どもにとって意味のある板書づくりにはつながっていきません。

　ここでも，第一に考えるべきことは「板書は何のために書くのか」なのです。

❷子どもの心の動きが表現される板書

　一般的に，「美しく構造的に整理された板書」がよい板

書だと評価されることが少なくありません。

　もちろん，美しいに越したことはありませんが，それだけが板書を評価する基準ではないはずです。

　時折，子どもに背を向けたまま板書づくりに専念している先生を見かけますが，これでは，だれのための何のための板書なのかわかりません。

　集団で学ぶということは，学びの過程に他者の存在があるということです。

　こうした学びの過程では，他者の刺激を受け，自分の感情や思考が大きく揺さぶられます。そうしたプロセスを通して，生きて働く知識を獲得していくのです。

　ですから，その中で活用される板書についても，**「知識を整理するもの」といった捉え方だけではなく，「他者との学びの中で，どのように思い，考えてきたのかが反映されるもの」と捉えていく必要がある**でしょう。

2 子どもの思いを板書に残す

❶思いをふきだしで表現する

　では，１時間の学びにおける子どもの思いが位置づくような板書を，どのようにつくっていけばよいのでしょうか。

　その１つが，「子どもの声をふきだしで書き込む」という方法です。

　これは，授業中に出てくる様々な子どもの声を，積極的にふきだしで位置づけていくというものです。

　実際に多くの先生方の板書を目にする機会がありますが，子どもの"思い"がたくさん残されている板書というのは，実はそれほど多く出会うことはありません。

　特に，「**え?**」「**あぁ!**」「**へぇぇ!**」「**そうそう!**」といったような，その瞬間その瞬間の子どもの感情の波を表すような表現が黒板に書かれることは，あまり多くないのです。

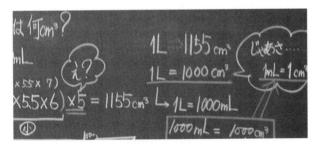

　しかし，こうした言葉にこそ，子どもの思いは強く表れています。ですから，これを積極的に黒板上に「ふきだ

し」で位置づけていくのです。

　すると，１時間の板書が仕上がるころには，「子どもた
ちがどこでどんな思いをもって学んできたのか」が，１つ
の流れとして黒板上に位置づくことになるわけです。

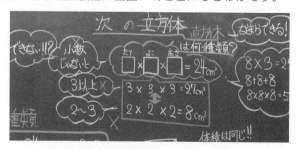

　こうした板書は，実は教師にとって授業の振り返りに大
いに役立ちます。

　ですから，私はいつも板書を見ながら授業を振り返るよ
うに心がけています。

　実際，**子どもの思いと展開がずれていたなと感じた授業
は，黒板上に式や図ばかりが残り，子どもの思いがあまり
残っていないということがほとんど**なのです。

❷子どもの表現を勝手に置き換えない

　子どもの思いを板書に反映させていくために，もう１つ
の重要なポイントがあります。

　それは，**子どもから出てきた発言を，できるだけそのま
まの表現で書く**ということです。

　子どもが説明するときに使う言葉は，曖昧で不十分なも
のが多いかもしれません。

しかし，そうした表現には，**その言葉でしか表すことができないニュアンスがあり，それがその子の思いを強く表している**のです。

こうした表現を，私たちはついつい整理した言葉に置き換えて板書しがちです。しかし，これをしてしまうと，せっかくの子どもの思いも置き換えられてしまうのです。

ですから，子どもから出てきた表現は大切にし，それを紡ぎながら板書をつくっていくことを心がけるとよいでしょう。

たとえその表現が不十分だったり，曖昧だったりしても，それでいいのです。

それを，みんなで補い合いながら表現を重ねていく。それこそが，集団の学びのよさでもあるからです。

板書案を考えても，その通りに授業が展開することがほとんどありません…

　授業の展開を考え，模擬授業をしながら，可能な限り板書案についても事前に考えておくことを心がけて日々取り組んでいます。

　ところが，実際の授業が始まると，想定していた板書案通りに授業が展開されず，途中から子どもの意見を整理することが難しくなっていきます。

　予定していたよりも多くの考えが子どもから出てきて書くスペースがなくなってしまったり，考え方のつながりをうまく表現できなかったり…。

　どのように板書すれば，板書案と授業展開が違った場合でも対応することができるのでしょうか？

板書を放射状に整理し，「マグネットつき画用紙」を活用してみよう！

1 板書案の落とし穴

❶いつの間にかつくられた，王道の「型」

算数で板書というと，黒板の左上に問題が書かれ，その下に式，真ん中あたりにはいくつかの考え方，右下にまとめ。こういった板書のイメージが，パッと頭に浮かぶ方が多いと思います。

これは，多くの先生方が，こうした板書を王道の「型」として，知らず知らずのうちに身につけてきたからです。もしかすると，「これが基本だよ」と，大学で学んできた方もいるかもしれません。

しかし，こうした「型」重視の板書には，いくつかの問題点があります。

❷「型」の重視で，教師が考えなくなる

　1つは，板書で「型」を意識し過ぎるために，授業自体も「型」にはまったものになりやすいということです。

　問題提示→自力解決→全体交流→まとめといった流れの問題解決の「型」を，どんな学習内容であっても適用してしまう，といったことが起こるわけです。

　本書ではここまで，様々なところでお伝えしてきていますが，**「型」が目的になると，授業づくりはその本質を見失う**ことになります。

　「型」自体が悪いわけではないのですが，**それに頼りすぎることによって，教師が「考えなくなること」に大きな問題がある**のです。

❸100%想定通りに動く子どもはいない

　2つめに，子どもの思いを無視した授業展開，板書になりやすいということです。

　子どもが発言しても，それが想定にないと「なるほどね」などと言って流し，それを板書せずに，まるでなかったことのようにするといったことは，実はよく見られる光景なのです。

　板書案を考えるのはとても大切なことです。その過程で，子どもの思考をいろいろと想像しながら授業を考えていくのは，とてもよい教材研究になるからです。

　しかし，実際には子どもが教師の想像の範囲内で動くことなどほとんどありません。どんなに想像したとしても，

それを平気で超えていくのが子どもというものです。

　もし，そうでないとしたなら，よほどシステマティックで，強固な枠組みで子どもを押さえつけるような授業になっているはずです。

　ですから，板書案通りにいかなくて当たり前なのです。

　想定した案通りに整理された板書を目指すことを目的にするのではなく，板書を通して子どもと学びをつくる，板書を１つのツールとして使いこなすことを意識することが，何よりも大切なことなのです。

2　「想定外」に対応する板書術

板書

❶放射状の板書

　では，授業が板書案通りに展開していかないことを前提とするならば，どのように想定外の子どもの意見に対応していけばよいのでしょうか。

　もちろん，これには多くの授業経験を積むことが大切なのは言うまでもないのですが，まだ経験が少なくても使える有用な方法があります。

　その１つが，「放射状に板書する」という方法です。左から右に時系列で書くような従来型の板書に対して，放射状に書く板書というのは，黒板の中心に問題を書いて，そこから放射状に考えが広がっていくように表現するものです。

　こうすることで，**どのような考え方がどんな順番で出て きたとしても，板書の書き方自体が時系列ではないので， どこにでも書き加えていくことができる**というわけです。

　さらに，考え方のつながりを表現しやすく，見方・考え 方が強調された板書をつくることにもとても適しています。

❷板書の一部を移動できるようにする

　2つめに，マグネットつきの画用紙をいくつかのサイズ で用意しておくという方法があります。

　こちらは，「この考え方は，後で他の考えと結びつきそ うだ」と想定されるようなとき，その考え方をこの画用紙 に書き込み，黒板に貼っておくというものです。

　このようにすれば，板書内の一部を後から移動すること が可能になります。ですから，板書構成上，**細かな位置づ けを途中から変えたいという場合にも対応することができ る**のです。

　放射状の板書と組み合わせれば，ほとんどの場合，どういった状況にも対応することができるでしょう。

　こうした方法を使っていくことで，子どもの発想や思考の流れに合わせた板書づくりの可能性を，大きく広げていくことができます。

　とはいえ，そもそも板書というのは，教師のためのものではありません。**学級全員で共有している，「みんなのノート」のようなもの**です。

　ですから，**教師ばかりが書き込むのではなく，子どもたちが積極的に書き込んでいく，自分たちでつくっていく板書を最終的には目指していきたい**ものです。

　もちろん，見栄えは多少悪くなります。でも，もう一度思い出してください。板書案通りに美しく書くことが目的ではないはずです。

　子どもたちの学びをより深めていくために活用する，1つのツールであることを忘れないようにしましょう。

【著者紹介】

瀧ヶ平　悠史（たきがひら　ゆうし）

1980年千葉県流山市生まれ。

北海道教育大学札幌校卒業。札幌市立西小学校，札幌市立日新小学校を経て北海道教育大学附属札幌小学校に勤務。

著書に『「見方・考え方」を働かせる算数授業―領域を貫く10の数学的な見方・考え方の提案―』（東洋館出版社，2018，編著），『「対話」で学ぶ算数授業 学級全員で学び合うための15のポイントと35のアイデア』（明治図書，2018年，単著），『14のしかけでつくる「深い学び」の算数授業』（東洋館出版社，2017，単著）他多数

写真提供協力：㈱491アヴァン札幌

「教師の関わり方」が基礎からわかる

算数授業スキルＱ＆Ａ　ベーシック

2021年2月初版第1刷刊　©著　者	瀧ヶ平　　悠　　史
発行者	藤　原　光　政
発行所	明治図書出版株式会社

http://www.meijitosho.co.jp

（企画）矢口郁雄（校正）大内奈々子

〒114-0023　東京都北区滝野川7-46-1
振替00160-5-151318　電話03(5907)6701
ご注文窓口　電話03(5907)6668

＊検印省略　　　　組版所　藤　原　印　刷　株　式　会　社

Printed in Japan　　　　　ISBN978-4-18-339417-0
もれなくクーポンがもらえる！読者アンケートはこちらから